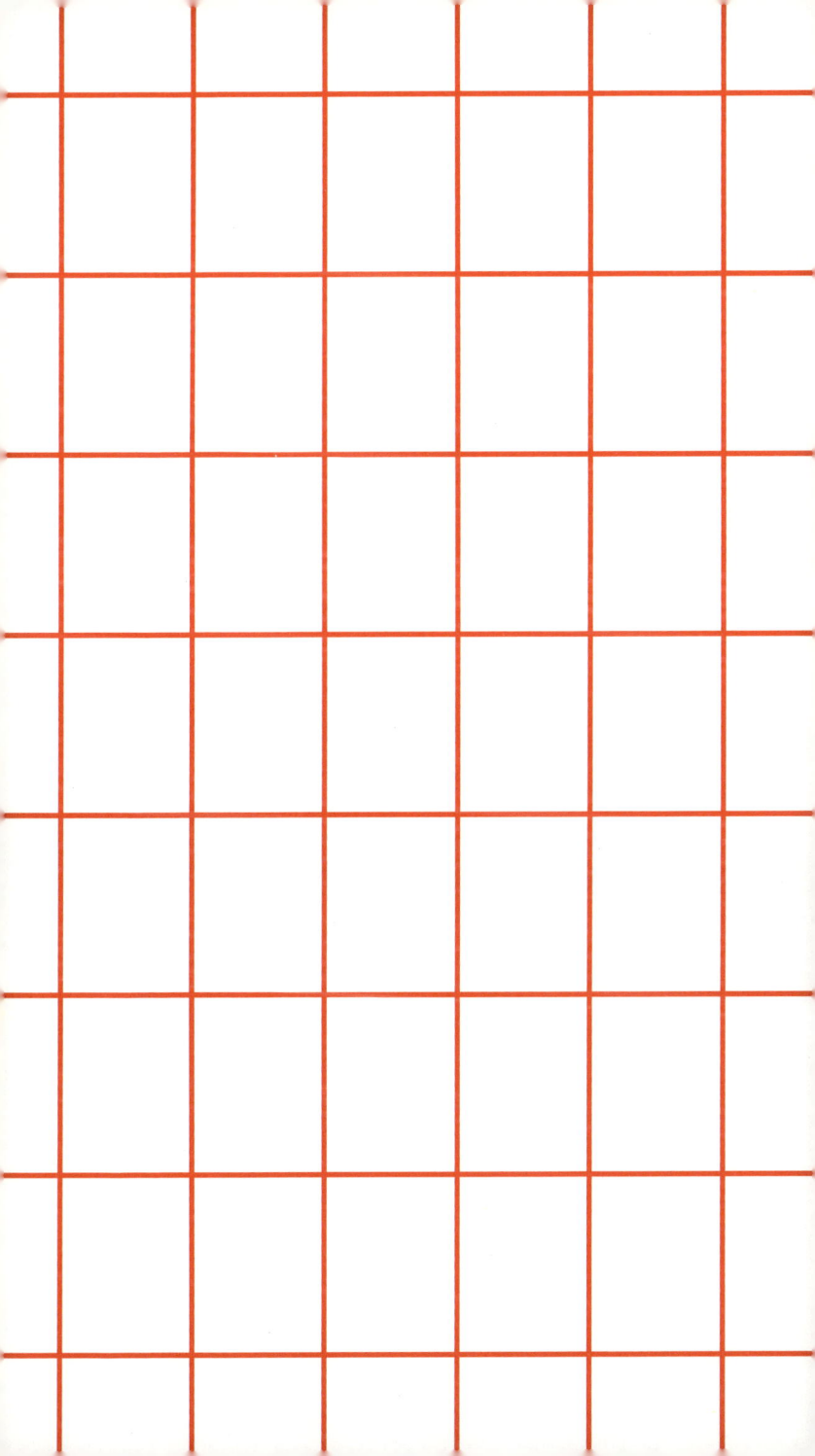

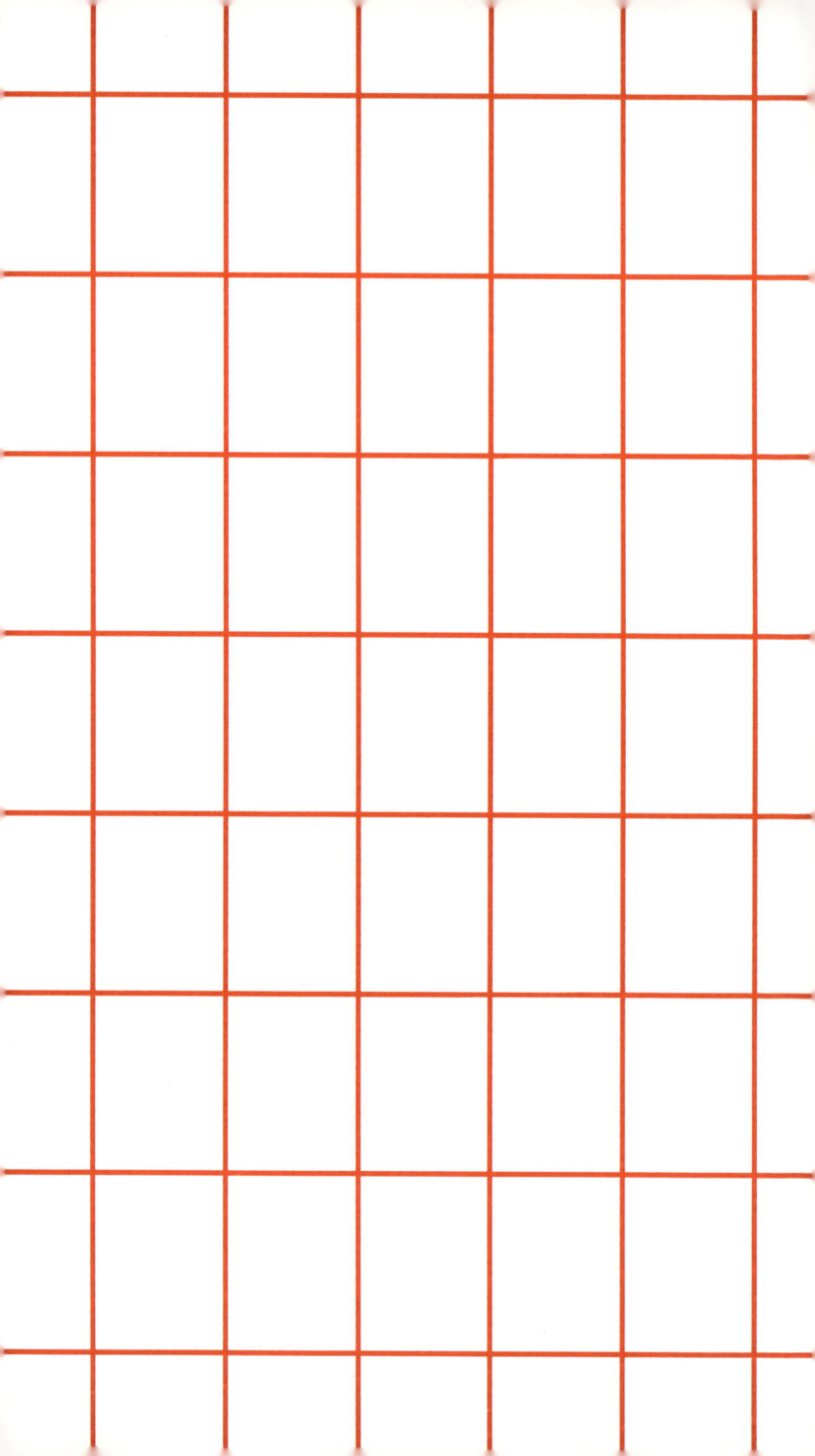

TAPAS

NAKAGAWA HIDEKO

POSTPAPER

Pan con Tomate
Pincho de Pate de Champiñones y Jamón Serrano
Ensalada Campera
Buñuelos de Bacalao
Croquetas de Jamón
Pulpo a la Gallega
Berenjenas Fritas con Miel
Tosta de Jamón Iberico con Salmorejo
Ajo Blanco
Pincho de Anchoas
Salpicón de

Mariscos
Pierna de Cerdo con Higo, Aceituna y Almendra al Horno
Pimientos Rellonos con Queso San Simon Da Costa
Escabeche
Fideua
Gambas al Ajillo
Champiñónes al Ajillo
Abulón al Ajillo
Calçotada con Salsa Romesco
Ensalada de Bacalao, Tomate y

Pimiento
Cordero al Limón
Crema Catalana
Gazpacho
Escalivada
Arroz Negro
Boquerones en Vinagre
Vieiras a la Gallega
Bacalao en Salsa Verde
Ensalada de Tomates y Queso Manchego
Albondigas en Salsa
Arroz Caldoso
Gilda

스페인 바르셀로나에서 살 때 피소(Piso: 아파트나 빌라 같은 스페인의 공동 주택) 맞은편에 작은 바가 있었다. 이래저래 벌써 30년 전의 일이라 바 이름이 무엇이었는지는 가물가물하지만, 바의 주인인 레오에 대한 기억은 또렷하다. 팔레스타인 출신의 사십 대 아저씨였던 레오는 스페인 여성과 결혼해서 바를 운영하고 있었다. 레오는 고국 팔레스타인을 떠나 이방인으로서 스페인에 정착하기까지의 고생담을 내게 자주 들려주었다. 그의 눈에는 이십 대의 동양인인 나야말로 이방인으로 보였을 터이다. 레오는 자신은 가본 적도 없는 일본이라는 나라에서 머나먼 길을 떠나온 이방인인 내가 안쓰러웠는지, 내가 카운터석에 앉아 무언가를 주문하면 반드시 서비스를 내주었다.

나는 아침 출근 전에 레오의 바에 잠깐 들러서 크루아상과 카페 콘 레체로 간단하게 식사를 때우고는 했다. 때로는 주말에 근처 시장에서 일주일 치의 식재료를 사 온 후 지친 몸으로 레오의 바에서 런치 메뉴를 먹기도 했다. 내게 레오의 바는 술 한잔을 즐기는 곳이 아니라 주로 허기진 배를 채우는 곳이었다. 바르셀로나 중심가에 있는 유명한 바에 비하면 식재료나 플레이팅 등에 현격한 차이가 있었지만, 바르셀로나의 생활에 익숙해지기 위해 필사적이던 내게는 오아시스 같은 곳이었다.

일본에서 대학에 다니던 스물한 살의 여름, 지금은 존재하지 않는 분단국가인 동독으로 유학을 떠나왔다. 바이마르에서 익숙하지 않은 유학 생활을 하는 동안 공부나 일상 속 불편함을 서로 돕다가

나의 스페인 요리의 원점

친해진 이들이 스페인에서 온 유학생들이었다. 그리고 나와 스페인을 이어준 것도 그들과의 만남이었다. 일 년 동안의 독일 유학을 마치고 일본에 돌아온 나는 남은 학기를 채우면서 모 신문사에서 인턴으로 일했다. 당시는 동서 독일의 통일, 소련 붕괴라는 역사적인 격변 속에서 신문기자로서 각국을 취재하고 돌아다니며 수많은 사실을 응시하고 글을 쓰는 직업이 무척이나 매력적으로 느껴졌다. 그래서 대학을 졸업하면 신문사에 취직할 생각이었다. 하지만 한편으로는 바이마르에서 알게 된 스페인이라는 나라에서 꼭 살아보고 싶었다. 우여곡절 끝에 결국 바르셀로나에서 살아보겠다는 목표를 이룬 것이다. 바이마르에서 만난 이들이 바르셀로나에 있다는, 정말이지 철없는 이유로 귀중한 이십 대의 시간을 바르셀로나에서 보내게 된 것이다.

내가 3년 동안 살았던 바르셀로나는 스페인 카탈루냐의 주도. 특히 카탈루냐는 건축가 안토니 가우디를 비롯해서 화가 살바도르 달리와 파블로 피카소와 호안 미로, 음악가 파블로 카잘스와 호세 카레라스와 몽세라 카바예 등 다수의 천재가 나고 자란 곳으로 유명하다. 그리고 카탈루냐는 다채로운 자연에 둘러싸여 있다. 아름답고 푸르른 지중해의 고요한 창해와 눈으로 뒤덮인 장대한 대자연의 피레네 산맥에 접해 있고, 내륙으로는 비옥한 토지가 펼쳐져 있다. 해산물과 갖가지 채소와 과일 등 자연이 주는 풍요로운 산물은 더없이 탐스럽고 맛이 뛰어나다. 그러한 자연의 선물을 멋지게 조합해서 만든 것이 카탈루냐의 전통 요리이며, 나의 스페인 요리의 원점이다. 타파스라는 요리 형태는 스페인의 지역색이 짙게 반영된 식문화인데, 내가 만드는 타파스 역시 카탈루냐풍이다. 산과 바다의 식재료를 섞고, 육류와 과일을 조합하고, 나무 열매와 허브를 더하기도 한다. 스페인의 다른 지역에는 없는 카탈루냐만의 식문화는 알면 알수록 깊이가 느껴지고, 음식에서는 정말로 맛있고 즐거운 맛이 난다.

    이 책에서는 개성적인 카탈루냐풍의 요리를 타파스라는 틀 안에서 몇 가지 소개하고자 한다. 하지만 타파스 요리책인 만큼 스페인 전국 각지의 타파스 요리를 폭넓게 소개할 수 있는 레시피를 엄선했다. 타파스는 신선한 재료가 생명. 그래서 조리법도 전부 간단하다. 스페인 바에서 타파스를 먹으며 '어이없을 만큼 간단한 레시피에서 어떻게 이렇게 깊은 맛이 날까?' 하고 감동한 적도 한두 번이 아니다. 그 감동은 스페인 현지에서 꼭 느껴보길 바란다. 이 책을 통해 스페인 그리고 바르셀로나의 타파스 세계를 조금이나마 전할 수 있기를 바라본다.

    2022년 초봄
    눈부시게 푸르른 지중해의 창해를 떠올리며,
    서울 연희동에서
    나카가와 히데코

나의 스페인 요리의 원점

7

바의 즐거움과 타파스

17

---- TAPAS 1 ----
마늘과 토마토를 바른 바게트
판 콘 토마테
Pan con Tomate

24

---- TAPAS 2 ----
버섯 파테와 하몽 세라노
핀초 데 파테 데
참피뇨네스 이 하몽 세라노
Pincho de Pate de
Champiñones y Jamón Serrano

26

---- TAPAS 3 ----
스페인식 감자 샐러드
엔살라다 캄페라
Ensalada Campera

28

---- TAPAS 4 ----
염장 대구 튀김
부뉴엘로스 데 바칼라오
Buñuelos de Bacalao

30

---- TAPAS 5 ----
하몽 이베리코 크로켓
크로케타스 데 하몽
Croquetas de Jamón

32

TAPAS 6
갈리시아식 문어와 감자
풀포 아 라 가예가
Pulpo a la Gallega
(34)

TAPAS 7
꿀에 절인 가지 튀김
베렌헤나스 프리타스 콘 미엘
Berenjenas Fritas con Miel
(36)

TAPAS 8
하몽 이베리코와 살모레호 토스트
토스타 데 하몽 이베리코 콘 살모레호
Tosta de Jamón Iberico con Salmorejo
(38)

TAPAS 9
마늘과 아몬드 수프
아호 블랑코
Ajo Blanco
(40)

TAPAS 10
안초비 핀초
핀초 데 안초아스
Pincho de Anchoas
(42)

TAPAS 11
스페인식 해산물 마리네이드
살피콘 데 마리스코스
Salpicón de Mariscos
(44)

TAPAS 12
무화과, 올리브, 아몬드를 품은
돼지고기 오븐 구이
피에르나 데 세르도 콘 이고,
아세이투나스 이 알멘드라 알 오르노
Pierna de Cerdo con
Higo, Aceituna y Almendra al Horno
(46)

TAPAS 13
풋고추와 산 시몬 다 코스타 치즈 구이
피미엔토스 레예노스 콘
퀘소 산 시몬 다 코스타
Pimientos Rellonos con
Queso San Simon Da Costa
(48)

TAPAS 14
생선 튀김 마리네이드
에스카베체
Escabeche
(50)

TAPAS 15
파스타 파에야
피데우아
Fideua
(52)

TAPAS 16
감바스 아히요
감바스 알 아히요
Gambas al Ajillo
54

TAPAS 17
양송이 아히요
참피뇨네스 알 아히요
Champiñónes al Ajillo
56

TAPAS 18
전복 아히요
아불론 알 아히요
Abulón al Ajillo
58

TAPAS 19
로메스코 소스를 곁들인 대파 구이
칼솟타다 콘 살사 로메스코
Calçotada con Salsa Romesco
60

TAPAS 20
바칼라오, 토마토, 파프리카 샐러드
엔살라다 데
바칼라오, 토마테 이 피미엔토
Ensalada de
Bacalao, Tomate y Pimiento
62

TAPAS 21
양고기 레몬 구이
코르데로 알 리몬
Cordero al Limón
90

TAPAS 22
스페인식 크렘 브륄레
크레마 카탈라나
Crema Catalana
92

TAPAS 23
차가운 토마토 수프
가스파초
Gazpacho
94

TAPAS 24
카탈루냐 지방식 여름 채소 샐러드
에스칼리바다
Escalivada
96

TAPAS 25
오징어 먹물 파에야
아로스 네그로
Arroz Negro
98

TAPAS 26
생멸치 초절임
보케로네스 엔 비나그레
Boquerones en Vinagre
(100)

TAPAS 27
갈리시아 지방의 가리비 구이
비에이라 아 라 가예가
Vieiras a la Gallega
(102)

TAPAS 28
살사 베르데 소스로 조린
대구와 바지락
바칼라오 엔 살사 베르데
Bacalao en Salsa Verde
(104)

TAPAS 29
만체고 치즈와 토마토 샐러드
엔살라다 데 토마테스 이 퀘소
만체고
Ensalada de
Tomates y Queso Manchego
(106)

TAPAS 30
토마토소스로 조린 스페인 미트볼
알본디가스 엔 살사
Albondigas en Salsa
(108)

TAPAS 31
갈리시아 지방식 조개 국밥
아로스 칼도소
Arroz Caldoso
(110)

TAPAS 32
바스크 지방의 고추 핀초
힐다
Gilda
(112)

TAPAS 33
스페인식 오징어 구이
칼라마레스 아 라 플란차
Calamares a la Plancha
(114)

TAPAS 34
스페인풍 에그 인 헬
우에보스 아 라 플라멩카
Huevos a la Flamenca
(116)

TAPAS 35
바스크 지방식 버섯볶음
플란차 데 세타스
Plancha de Setas
(118)

TAPAS 36
스페인 오믈렛 샌드위치
보카디요 데 토르티야 데 파타타스
Bocadillo de Tortilla de Patatas

138

TAPAS 41
매콤한 감자튀김
파타타스 브라바스
Patatas Bravas

148

TAPAS 37
안달루시아식 기장 멸치 튀김
페스카이토 프리토 아 라 안달루사
Pescaíto Frito a la Andaluza

140

TAPAS 42
안달루시아풍
돼지 앞다리 살 롤 튀김
플라멩키네스 코르도베세스
Flamenquines Cordobéses
150

TAPAS 38
식초에 절인 채소와 멸치 바게트
핀초 데 에스칼리바다 이 보케로네스
Pincho de Excalivada y Boquerones

142

TAPAS 43
레드 상그리아 & 화이트 상그리아
상그리아 틴토 이 상그리아 블랑코
Sangría Tinto y Sangría Blanco
152

TAPAS 39
바게트 올리브 오일 튀김
미가스
Migas

144

TAPAS 44
애호박 수프
크리마 데
칼라바신 콘 퀘소 크레마
Crema de
Calabacín con Queso Crema
154

TAPAS 40
카탈루냐 지방식 건자두 닭 요리
포요 아 라 카수엘라
Pollo a la Cazuela

146

TAPAS 45
아스파라거스와 하몽
스크램블드에그
우에보 레브엘토
Huevo Revuelto
156

TAPAS 46
소고기 안심 스테이크와 버섯
프리칸도 콘 세타스
Fricandó con Setas

(158)

TAPAS 47
오렌지와 블랙 올리브 샐러드
엔살라다 데 나랑하 콘 아세이투나스
Ensalada de Naranja con Aceitunas

(160)

TAPAS 48
한 입 크기 시금치 파이
엠파나디야스
Empanadillas

(162)

TAPAS 49
렌틸콩 초리조 스튜
귀소 데 렌테하스 콘 초리조
Guiso de Lentejas con Chorizo

(164)

TAPAS 50
추로스와 따뜻한 초코라테
추로스 콘 초코라테
Churros con Chocolate

(166)

스페인 식재료
(186)

타파스와 와인 페어링
(200)

*

계량 단위는
1컵 = 200ml,
1큰술 = 15ml,
1작은술 = 5ml로,
1.5ml, 5g 이하는
적당량 또는 약간으로
표기하였습니다.

*

큰술, 작은술의 기준 용량보다
살짝 적거나 많은 분량일 때는
ml로 표기하였습니다.
(예: 18ml, 7ml 등)

- Calamares a la Plancha
- Huevos a la Flamenca
- Plancha de Setas
- Bocadillo de Tortilla de Patatas
- Pescaíto Frito a la Andaluza
- Pincho de Excalivada y Boquerones
- Migas
- Pollo a la Cazuela
- Patatas Bravas
- Flamenquines Cordobéses

"올라! 케탈?"

"므이 비엔! 그라시아스"

'오늘 기분 어때?' '잘 지냈어?'로 시작하는 스페인 사람의 인사에는 절이나 악수가 없다. 가족, 연인, 친구, 지인이 만나면 일단 인사말과 동시에 '쪽쪽' 소리가 들린다. 내 눈앞에서 펼쳐지는 스페인식 인사에 가끔 '어제도 만났는데 또?' 하고 황당한 기분이 들기도 했다. 여자들끼리는 당연히 볼 뽀뽀. 남녀가 만날 때는 가끔 악수를 나눌 때도 있지만 대부분 양쪽 볼에 뽀뽀를 한다. 대신 남자들끼리는 주로 악수만. 뽀뽀라고는 해도 나름의 기술이 필요하다. 만나면 일단 포옹을 하면서 자신의 오른쪽 뺨을 상대의 오른쪽 뺨에 붙인다. 뺨을 붙이면서 입으로 '쪽' 하고 가볍게 소리를 내면 자연스러운 인사가 된다. 오른쪽이 끝나면 자신의 왼쪽 뺨을 상대의 왼쪽 뺨에 붙이고 역시 가볍게 '쪽' 소리를 낸다. 매일 나누는 인사이지만, 인사는 그 문화의 일부분이다. 아무리 말로 설명해도 실제로 체험해 보지 않으면 알 수 없다. 실패도 해가면서 배워야 한다. 내게는 그 연습의 장이 바였다. 그렇게 바에서 스페인식 인사를 배운 이십 대의 나는 처음 접한 바 문화에 조금씩 빠져들었다.

혼자 가도 편안한 기분으로 앉을 수 있는 카운터석이 있고, 부담 없이 먹을 수 있는 맛있는 음식과 다양한 와인이 있고, 여럿이 함께 가도 지갑에 신경 쓰지 않고 가볍게 즐길 수 있는 곳. 생활 반경 안에 그런 곳이 한 곳이라도 있으면 좋겠다고, 한국에 살면서 늘

바의 즐거움과 타파스

생각한다. 그런 공간이 스페인에서는 바였다. 마드리드나 바르셀로나 등의 대도시에는 관광객 상대의 레스토랑처럼 커다란 바도 있지만, 일반적인 바에는 가게 안쪽에 테이블 몇 개가 놓여 있을 뿐이며 입구에 서서, 또는 카운터석 스툴에 앉아 가볍게 음료를 즐긴다. 또한 식사에 중점을 둔 레스토랑 바, 커피나 간식 중심의 카페 바 등 다양한 형태의 바가 거리 곳곳에 흩어져 있다. 내가 바르셀로나의 집 근처에서 뻔질나게 드나들던 레오의 바처럼, 아침에는 가게 입구의 카운터석에서 커피를 마시며 크루아상이나 보카디요를 먹는 사람들로, 저녁에는 맥주나 와인에 타파스를 집어 먹으면서 서서 대화를 나누는 사람들로 붐빈다. 스페인 사람에게도 바는 그저 음식을 먹는 곳이 아니라 커뮤니케이션의 장이자 생활의 일부로 자리 잡고 있다. 바를 중심으로 사람들이 이어지는 것이다.

    스페인의 바에는 카운터 주변 냉장고에 미리 만들어둔 타파스와 핀초가 빼곡하게 진열되어 있다. 타파스는 스페인 전국의 바에서 음료와 함께 제공되는 간단한 안주로, 심플한 것부터 손이 많이 가는 것까지 다양한 종류가 있다. 이러한 형태의 식사를 스페인어로 '타페아르(Tapear)'라고 표현하는데, 이는 '타파스를 먹다'라는 의미이다. 그리고 타파스는 양볼에 뽀뽀를 할 만큼 허물없는 친구, 지인과의 모임 때 먹는 메뉴라고도 할 수 있다. 꼬치에 꽂거나 팬에 담겨 나오기도 하는데, 어패류와 육류, 차가운 채소와 따뜻한 채소 등등 재료들의 다양한 조합이 신선한 느낌을 준다. 소량씩 다채로운 요리를 즐길 수 있다는 것도 묘미이다. 덧붙이자면 스페인의 전통적인 식문화인 타파스는 문화적으로도 그 중요성을 인정받아 유네스코의 무형 문화유산에 등록되어 있다.

스페인의 소규모 여관이나 바 등에서 음료와 함께 안주를 먹는 이 전통적인 관습이 생겨난 데에는 설이 분분한데, 여하튼 스페인 국왕이 즐기던 스타일이라고 한다. 17세기 소설 『돈키호테』 같은 문학 작품에도 등장하는데, 이 소설에는 청어와 토끼 고기로 만든 '엠파나다(Empanada)'에 대한 언급이 나온다. 또한 13세기의 알폰소 10세(현왕) 시대에 과음을 방지하기 위해 타파스가 안주로 제공되었다고도 전해진다.

지금의 모습을 갖춘 타파스의 발상지는 안달루시아 지방이라는 설이 스페인에서는 가장 유력한 듯하다. 18세기 안달루시아에서는 바, 보데가(Bodega 와인 저장실), 식료품점이 곳곳에 즐비했으며, 식료품점에서는 와인을 잔술로 제공하면서 가게에서 판매하는 식품을 시식할 수 있도록 했는데 이것이 타파스의 기원이라는 주장이다. 1975년에 발행된 『세비아의 술잔치, 타파스와 그 메뉴, 1863~1995: 음식의 인류학』이라는 책에 의하면, 와인을 잔술로 판매하는 가게는 차가운 요리와 튀김을 제공할 수 있지만, 스튜를 제공하는 것은 금지였다고 한다. 그리고 타파스 문화의 발상에 대한 또 하나의 유력한 설이 있다. 안달루시아 지방에서는 더운 여름에 음료를 담은 잔을 치즈나 하몽으로 감싸서 먼지나 파리를 막았다고 한다. 그러던 어느 날, 알폰소 13세가 숙박지에서 셰리(스페인 남부 지방에서 생산되는 백포도주)를 마시고 있는데 땅바닥에서 먼지가 피어오르자, 이를 본 시중꾼이 하몽 슬라이스로 왕의 잔을 덮었고, 왕이 나중에 그 하몽을 먹은 것이 타파스의 기원이라는 것이다. 카디스나 세비야에 있는 술집 중에는 그 일화가 일어났던 곳이 자신의 가게라고 주장하는 곳도 있다고 한다.

    타파스를 즐기는 시간이나 방식은 사람마다 제각각이다. 타파스는 원칙적으로 한 손에 와인 잔이나 맥주잔을 들고, 다른 한 손으로 스틱이나 포크 또는 스푼을 이용해서 먹는다. 이렇게 음식과 음료를 동시에 먹음으로써 맛의 조화가 생겨난다. 바에서는 조식 시간이 끝날 즈음부터 타파스를 제공하는데, 통상적으로는 커피 타임까지 이용할 수 있다. 그리고 오후에는 저녁 식사 시간 전부터 식당이나 주방이 마감할 때까지 제공된다. 식사 직전에 먹는 타파스를 전채라는 의미의 '아페리티보(Aperitivo)'라고 부르는데, '식욕을 돋우다'라는 뜻이 담긴 라틴어 '아페리레(Aperire 열다)'에서 파생된 단어다. 전채로 타파스를 한두 접시 먹을 수도 있고, 타파스를 메인으로 즐기는 것도 물론 가능하다. 카운터에 서서 먹기도 하고 스툴에 앉아서 먹기도 하며 테이블에서 먹기도 한다.

    도보로 갈 수 있는 반경 안에 수백 곳의 바가 즐비한 스페인 북부의 바스크 지방에서는 타파스 전반을 '핀초'라고 부른다. 칵테일 스틱, 즉 핀초(Pincho 작은 꼬챙이)에 꽂아서 나오기 때문에 핀초라고 부르지만, 스페인의 다른 지역에서는 타파스는 작은 접시, 핀초는 핑거 푸드로 구별한다. 바에서 타파스를 집어 먹으면서 타파스와 핀초에 대해 토론하는 사람들이 바로 스페인 사람이지만.

    타파스는 스페인 식문화의 지역색이 강하게 반영된 음식이다. 안달루시아 지방에서는 '타파스를 먹다'라는 의미로 '타페아르(Tapear)'나 '토마르 우나 타파(Tomar una Tapa)'라는 표현을 사용하기도 한다. 스페인 최대의 올리브 오일 생산지인 안달루시아에서는 올리브 오일로 튀긴 멸치와 새우 튀김이 유명하다. 마드리드에서는 얼마 전까지만 해도 전채에 지금처럼 세련된 타파스가 나오는 경우는 거의 없었고, 음료와 함께 올리브나 포테이토칩, 또는 하몽이나 살라미가 나오는 정도였다. 하지만 최근 30년 사이, 타파스는 바의 전통을 유지하면서 보다 세련된 형태의 요리로 발전했다. 이제 스페인산 타파스는 세계 대도시로 뻗어 나갔고, 각국에서 다양한 타파스와 스페인풍 바가 자리 잡고 있다. 스페인풍 바에서는 유명한 스페인 요리뿐만 아니라 스페인 현지에서처럼 타파스를 맛볼 기회를 제공한다. 한국에도 스페인 요리 레스토랑이 아닌, 타파스 중심의 바가 늘어난다면 나의 한국 생활이 한층 즐거워질 듯하다. 한국 요리의 타파스 바가 집 근처에 생긴다면 아마도 매일 출근 도장을 찍게 되지 않을까.

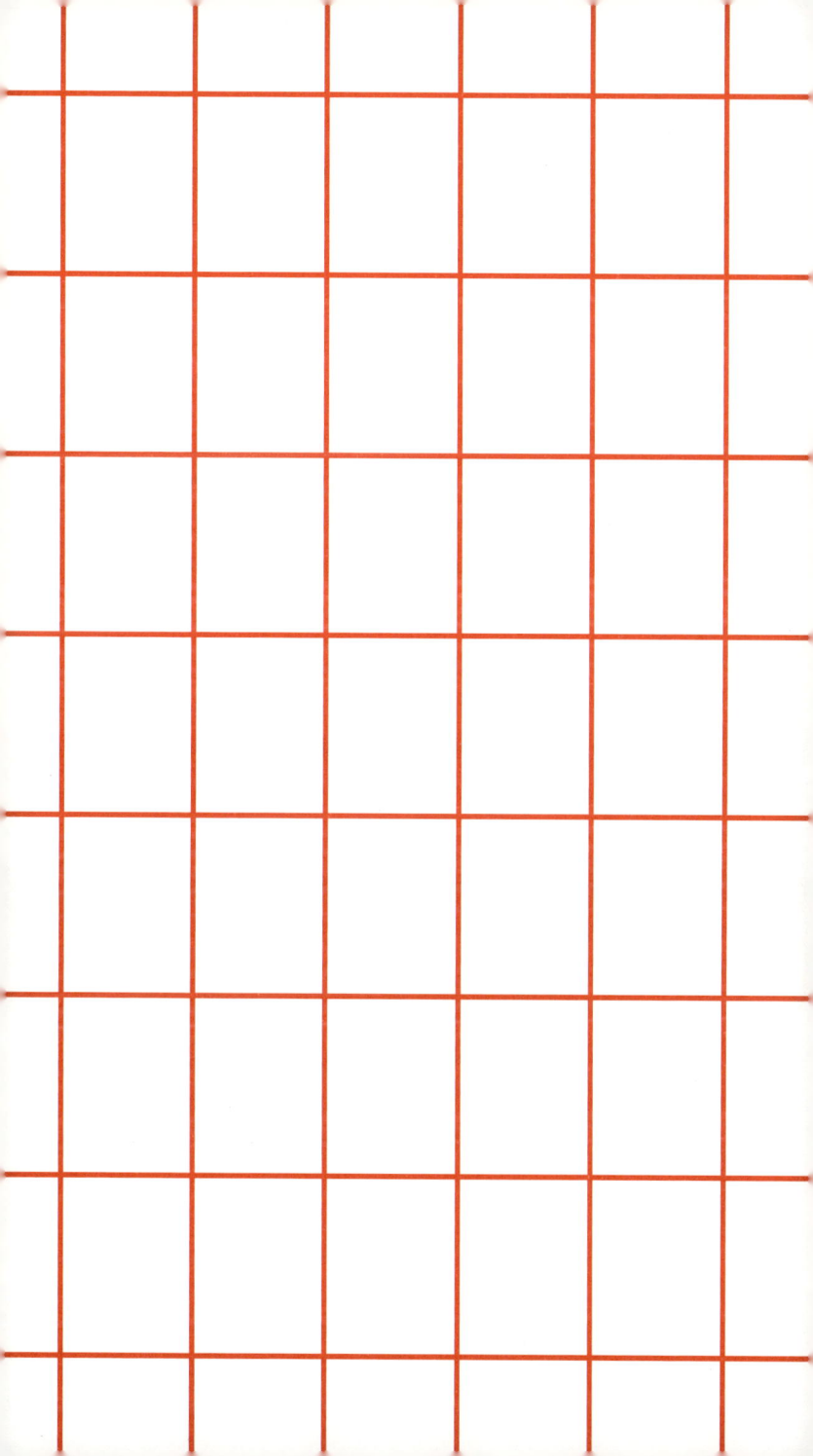

TAPAS 1

마늘과 토마토를 바른 바게트
Pan con Tomate

RECIPE
66p

20대 초반, 바르셀로나에 살고 싶다는 마음 하나로 호기롭게 집을 뛰쳐나갔던 나는 거의 무일푼으로 스페인 생활을 시작했다. 하지만 예전에는 그런 가난한 학생도 배불리 먹고 와인 몇 잔도 마실 수 있는 타파스 바가 바르셀로나 거리 곳곳에 있었다. 그 시절 하숙집 근처의 바에서 늘 먹던 음식이 판 콘 토마테인데, 특별할 것도 없는 요리가 이렇게도 맛있다니 하며 감동하곤 했다. 스페인의 다른 지역에서는 보통 강판에 간 마늘과 토마토를 넣고 소금과 올리브 오일로 맛을 낸 토마토소스를 발라서 먹는데, 카탈루냐 지방의 판 콘 토마테는 조금 다르다. 커다란 캄파뉴를 잘라서 오븐 등에 노릇하게 구운 후 마늘을 쓱쓱 문지르고 그 위에 반으로 자른 토마토 단면도 문질러준다.

그다음 소금을 살짝 뿌리고 올리브 오일은 듬뿍 뿌려 하몽이나 스페인 오믈렛을 얹어 먹는 식이다. 번역이나 통역 아르바이트비를 받으면 단골 바에 가서 고급 하몽을 하나 주문한 후 순간의 행복을 만끽했다.

지금 생각해 보면 20대였으니 가능했던 일이다. 그런 추억에 젖게 만드는 판 콘 토마테는 지금도 내가 무척 애정하는 음식이다. 토마토의 숙성도나 빵과 올리브 오일의 품질도 중요하지만, 이 세 가지 재료가 어우러져 빚어내는 맛의 조화가 관건이다. 토마토의 신선함과 마늘의 알싸함이 그대로 느껴지는 카탈루냐식 판 콘 토마테는 한번 먹어보면 누구나 그 맛에 매료될 것이다.

판 콘 토마테

TAPAS 2

버섯 파테와 하몽 세라노
Pincho de Pate de Champiñones y Jamón Serrano

RECIPE
67p

조금 손이 가는 요리이지만 와인 잔을 계속 비우게 만드는 핀초. 버섯을 곱게 다져 양념한 버섯 파테를 바게트에 듬뿍 올리고, 살짝 구운 버섯과 하몽 세라노를 조합해 보았다. 파테는 한 번에 많이 만들어서 냉동해 두면 언제든 사용할 수 있어서 편리하다. 스페인에서는 주로 크루아상에 넣어 먹는데, 브리오슈나 식빵에 넣어 샌드위치처럼 먹어도 맛있다.

핀초 데 파테 데 참피뇨네스 이 하몽 세라노

TAPAS 3

스페인식
감자 샐러드
Ensalada Campera

RECIPE
68p

감자 샐러드 하면 마요네즈에 버무린 것만 생각했던 내게 바르셀로나의 단골 바 주인인 레오 아저씨가 새로운 레시피를 가르쳐주었다. 화이트 와인과 와인 비니거로 개운한 맛을 낸 '엔살라다 캄페라'라는 감자 샐러드였다. 타파스의 대표 메뉴 중에는 마요네즈로 버무린 러시아식 감자 샐러드 '엔살라다 루사'도 있는데, 나는 담백한 맛의 엔살라다 캄페라를 더 좋아했다. 가정 요리를 할 때도 통조림을 자주 이용하는 스페인에서는 이 캄페라에 통조림 참치를 기름까지 그대로 넣기도 하는 등 각자 다양한 방법으로 만들어 먹는다.

엔살라다 캄페라

염장 대구 튀김
Buñuelos de Bacalao

RECIPE
69p

스페인어 '바칼라오'는 염장한 대구를 햇볕에 말린 음식이란 뜻으로, 스페인이나 포르투갈을 비롯해 이탈리아, 북유럽, 남미에서도 즐겨 먹는 식재료이다. 바칼라오의 종류는 다양한데, 요리 명칭까지 포함하면 수십 가지나 된다. 부뉴엘로스 데 바칼라오는 가볍게 집어 먹는 타파스의 하나로, 특히 바나 레스토랑에서 쉽게 볼 수 있는 바칼라오 튀김. 와인이나 맥주와 함께 뜨거운 상태에서 먹는다. 이 책에서는 튀김옷에 우유를 넣어 반죽했는데, 맥주나 탄산수를 사용해도 된다. 최근에는 한국에도 바칼라오가 수입되기 시작했지만, 손쉽게 구할 수 있는 정도는 아니다. 바칼라오를 구입하기 어려울 때는 대구에 소금을 넉넉하게 뿌려서 냉장고에 하룻밤 재워 사용해도 된다.

부뉴엘로스 데 바칼라오

하몽 이베리코 크로켓
Croquetas de Jamón

RECIPE
70p

크로케타는 타파스 바의 기본 메뉴다. 그런 메뉴인 만큼 이전 책에서도 몇 차례 소개한 적이 있는 레시피이지만 "크로케타가 없으면 타파스 요리책이 아니죠!"라는 제자의 말에 다시 소개하기로 했다. 한국이나 일본의 크로켓과 달리 도시락 반찬 같은 작은 원통형 크로켓. 우리가 생각하는 크로켓의 속 재료는 감자가 기본이지만, 스페인에서는 농밀한 베샤멜소스 베이스에 하몽 이베리코을 조합하는 경우가 많다. 그 외에도 바칼라오, 바지락, 홍합의 살을 섞기도 하고 오징어 먹물을 넣어 새까맣게 만드는 등 다양하고 화려한 크로케타를 볼 수 있다. 크로켓을 집에서 튀기는 것이 번거롭다는 인식은 만국 공통인지, 스페인의 정육점에서도 바로 튀긴 크로켓을 반찬으로 팔고 있다.

스페인에서는 건조된 바게트를 빻아서 곱게 갈아 만든 빵가루를 주로 사용하는데, 한국 마트에서 구입할 때는 '판 라야도(Pan Rallado)'라는 빵가루를 추천한다.

크로케타스 데 하몽

TAPAS 6

갈리시아식 문어와 감자
Pulpo a la Gallega

RECIPE

갈리시아 요리로서 한국에서도 친숙한 타파스 메뉴이다.
한국에 있는 스페인 레스토랑의 메뉴판에서도 항상 볼 수 있는데,
일반적으로는 달군 철판에 삶은 문어를 올리고 올리브 오일로 구워서
내놓는다. 하지만 나는 손이 가는 철판구이보다는 갈리시아 바의 대표
안주인 삶은 문어와 감자를 이쑤시개로 찍어 후후 불어가며 먹는 편이
더 맛있게 느껴진다. 단, 이 방식은 식재료 본연의 맛을 즐기는 것인
만큼, 그 맛을 한층 더 살려주는 올리브 오일과 파프리카 파우더는
꼭 스페인 본토의 제품을 사용할 것을 추천한다. 포인트는 냄비에서
막 꺼낸 문어를 칼등으로 치다가 문어의 섬유질을 잘라내 부드럽게
만든 후 잘라서 올리브 오일과 파프리카 파우더를 듬뿍 뿌려 맛의
상승효과를 내는 것이다.

풀포 아 라 가예가

TAPAS 7

꿀에 절인 가지 튀김
Berenjenas Fritas con Miel

RECIPE
72p

    스페인뿐만 아니라 그리스, 이탈리아, 프랑스, 터키 등 지중해 연안 지역에서는 오래전부터 가지를 요리에 애용해 왔다. 그중에서도 정말로 간단한 가지 요리가 이 안달루시아식 가지 튀김이 아닐까 한다. 재료는 가지와 밀가루, 소금, 벌꿀이면 끝.

    소금으로 가지의 떫은맛을 제거하고 밑간을 한 후 밀가루를 가볍게 묻혀서 바삭하게 튀긴 후 뜨거울 때 소금과 벌꿀을 뿌린다. 안달루시아 지역에서는 짙은 색의 벌꿀 생산지로도 유명한데, 이 달콤 짭조름한 맛은 와인보다 맥주나 셰리 와인에 어울린다.

베렌헤나스 프리타스 콘 미엘

TAPAS 8

하몽 이베리코와 살모레호 토스트
Tosta de Jamón Iberico con Salmorejo

RECIPE
(73p)

살모레호란 완숙 토마토만을 사용해서 만드는 차가운 수프이다. 같은 토마토 수프인 가스파초는 토마토, 마늘, 오이, 피망 등 다른 채소를 섞어 만드는 것인데 살모레호는 단 토마토와 마늘만 섞어서 만든다. 공통점이 있다면 가스파초에도 살모레호에도 바게트를 재료로 넣고 식초와 올리브 오일, 소금으로 맛을 조절할 수 있다는 것. 스페인에서는 가정마다 취향에 따라 두 가지 토마토 수프를 다 상비해 두고, 삶은 달걀과 생햄을 기본 토핑으로 사용한다. 특히 코르도바를 중심으로 안달루시아 지역의 바에서는 살모레호를 만들 때 바게트를 많이 넣어 소스처럼 농도를 걸쭉하게 만든 후 하몽과 바게트를 함께 내놓는다.

토스타 데 하몽 이베리코 콘 살모레호

마늘과 아몬드 수프
Ajo Blanco

RECIPE 74p

아호 블랑코는 유럽에 토마토가 들어오기 전에 스페인 사람들이 먹었던 '백색 가스파초'라고 할 수 있다. 한국에 홍고추가 들어오기 전에는 백김치를 먹었다는 것과 같은 맥락이다. 여름에 즐기는 이 차가운 수프는 주로 더위가 극심한 안달루시아 지방의 요리. 마늘과 아몬드를 갈고 비니거, 올리브 오일, 소금으로 간을 하면 완성되는 심플한 수프인데, 포인트는 포도를 넣어 단맛을 혀 위에서 즐기는 것. 이 신기한 냉수프는 마늘 맛이 강한데도 요리 교실의 여름 인기 메뉴다.

아호 블랑코

안초비 핀초
Pincho de Anchoas

RECIPE 75p

안초비는 한국에도 많이 수입되고 있지만, 시판용 안초비는 비용이나 품질 면에서 만족스럽지 않았다. 그래서 요리하는 친구들 몇몇과 함께 부산 기장에 멸치를 주문해서 직접 안초비를 만들어보았다. 그 결과 스페인이나 이탈리아에서 수입한 안초비보다 내가 절인 안초비가 더 맛있다는 요리 교실 수강생들의 요청으로 매년 서울 연희동 집 마당에서 안초비를 만드는 워크숍을 진행하게 되었다. 5월에 소금에 절인 멸치는 6개월 후 추운 겨울이 시작될 무렵이면 딱딱해진다. 이때 멸치의 가시와 껍질을 손으로 일일이 벗겨내 필레로 만드는 작업을 한다. 그리고 다시 봄이 될 때까지 올리브 오일에 절이는 기나긴 발효 단계를 거치게 된다. 이렇게 숙성된 안초비는 잘게 썰어 조미료로 사용해도 맛있지만, 질 좋은 버터와 함께 바게트에 올려 입에 넣으면 그것만으로 더없이 행복하다. 이때 필요한 것은 스페인의 스파클링 와인인 카바(Cava)뿐! 무척이나 매력적이면서도 간단한 핀초다.

핀초 데 안초아스

스페인식 해산물 마리네이드
Salpicón de Mariscos

RECIPE 76p

살피콘은 한 입 크기로 자른 해산물에 다진 채소와 올리브 오일, 비니거를 넣어 버무린 요리. 페루 요리 세비체(Ceviche)와 무척 비슷하다. 살짝 튀기거나 레몬즙 등의 산미를 더한 해산물을 채소와 함께 담아내기만 하면 되기 때문에 파티 메뉴로 유용하다. 홍합이나 새우, 바지락 등 좋아하는 해산물로 만들면 된다.

살피콘 데 마리스코스

TAPAS 12

무화과, 올리브, 아몬드를 품은 돼지고기 오븐 구이
Pierna de Cerdo con Higo, Aceituna y Almendra al Horno

RECIPE
77p

이베리코 돼지로 만든 하몽이나 다양한 소시지, 살라미에서도 알 수 있듯이 스페인 사람은 소고기보다 돼지고기를 좋아한다. 로사 아주머니에게 배운 이 돼지고기 오븐 구이는 지중해의 건조 무화과를 리큐어에 담아 불리고, 올리브와 견과류를 잘게 썰어 돼지고기로 감싸는 고급 요리. 나의 다른 책 『지중해 요리』에서도 소개한 레시피이지만, 타파스로도 즐길 수 있도록 이번에는 돼지 허벅지 살로 말아 먹기 편하게 고안해 보았다. 오븐 대신 에어 프라이어를 이용해 구워내도 훌륭한 파티 요리가 완성된다.

피에르나 데 세르도 콘 이고, 아세이투나스
이 알멘드라 알 오르노

TAPAS 13

풋고추와 산 시몬 다 코스타 치즈 구이
Pimientos Rellonos con Queso San Simon Da Costa

RECIPE 78p

스페인 사람도 고추를 무척 좋아한다. 풋고추는 한국에서도 쉽게 구할 수 있는 식재료인데, 8월의 태양을 듬뿍 받은 제철 풋고추에 치즈를 끼워 넣고 프라이팬에 굽기만 하면 돼 만들기 간편하면서도 맛이 좋아 즐겨 먹는 타파스 중 하나다. 이번에는 스페인 치즈 '산 시몬 다 코스타'를 사용했는데, 고깔모자 모양의 이 치즈는 갈리시아 루고주에서 생산되는 우유를 원료로 만든 반경성 타입의 치즈이다. 산 시몬 다 코스타 치즈는 시중에서 쉽게 구할 수 있지만 또 꼭 이 치즈가 아니더라도 자신이 좋아하는 치즈를 사용해도 된다. 단, 너무 무른 타입의 치즈는 구울 때 흘러내려 프라이팬에 들러붙기 쉬우니 반드시 반경성 타입을 사용할 것!

피미엔토스 레예노스 콘 퀘소 산 시몬 다 코스타

TAPAS 14

생선 튀김 마리네이드
Escabeche

RECIPE
(79p)

생선이나 육류를 굽거나 튀겨서 다양한 식재료와 함께 마리네 소스에 담가 만드는 에스카베체는 스페인의 여름 단골 메뉴이다. 바르셀로나에서 살았을 때는 이 에스카베체를 직접 만들어볼 생각은 못 하고 근처 타파스 바에 가서 미니 사이즈를 주문해 먹고는 했다. 주재료가 멸치일 때도 있고 닭고기일 때도 있는 등 그날그날 바뀌는 에스카베체는 바의 인기 메뉴이기도 하다. 파프리카 가루나 샤프란 등의 향신료 그리고 마늘과 허브 등 향이 풍부한 마리네 소스가 에스카베체의 맛을 좌우한다.

에스카베체

파스타 파에야
Fideua

RECIPE
80p

피데우아는 길이가 짧은 파스타 면인 '피데오'로 파에야 팬에 만드는 파스타 파에야다. 바르셀로나에 있을 때 로사 아주머니에게 많은 도움을 받았는데, 그 아주머니가 만들어준 아귀 피데우아는 지금도 내 혀끝에 그 맛이 남아 있을 정도로 인상적이었다. 마늘의 풍미가 가득한 알리올리 마요네즈를 듬뿍 뿌려서 먹는 카탈루냐 지방의 특산 요리이다. 와인을 부르는 일품요리!

피데우아

TAPAS 16

감바스 아히요
Gambas al Ajillo

RECIPE
82p

이제는 세계 곳곳의 타파스 바나 비스트로의 기본 요리라고 할 수 있는 아히요. 올리브 오일이 보글보글 끓는 상태의 요리를 지칭하는 말로 오해하기 쉬운데, 아히요의 원래 의미는 마늘을 뜻하는 '아호(Ajo)'에서 파생됐다. 스페인에서도 새우를 넣은 감바스 아히요가 가장 인기가 많은데, 버섯이나 다른 어패류, 육류 등을 이용해도 좋다. 단, 올리브 오일과 마늘의 풍미와 함께 주재료 본래 맛을 즐기는 요리이므로 주재료는 반드시 한 가지만 넣을 것! 되도록 작은 프라이팬이나 내열 용기에 만들어서 그릇째 식탁에 올린다. 남은 오일에 빵을 찍어 먹어도 훌륭한 와인 안주가 된다. 나는 술김에 파스타를 삶아 비벼 먹을 때도 있는데, 이 역시 훌륭한 맛이다.

감바스 알 아히요

TAPAS 17

양송이 아히요
Champiñónes al Ajillo

RECIPE
84p

바르셀로나 하숙집의 로사 아주머니는 내게 요리뿐 아니라 스페인의 전통 내열 용기인 카수엘라를 사용하는 법도 알려주셨다. 난생처음 본 카수엘라는 투박하면서도 참 매력적인 도기 냄비로, 그 시절의 추억을 불러일으키는 물건 중 하나다. 보통 아히요는 카수엘라에 조리하는데, 카수엘라는 스페인어로는 '냄비' 또는 '냄비 요리'라는 의미이며, 가정에서뿐 아니라 레스토랑이나 바에서도 사용한다. 적은 양의 요리나 스튜 요리는 물론이고 오븐 요리나 크레마 카탈라나 등의 디저트를 만들 때도 활용할 수 있다. 음식을 따뜻한 상태로 유지하는 보온성이 높은 것이 특징으로, 불에 직접 가열 가능한 카수엘라도 있어서 조리한 상태 그대로 냄비째 식탁에 올릴 수도 있다. 아히요나 파에야에도 사용하지만 수분이 많은 아로스 칼도소, 육류나 해산물을 소스와 함께 끓이는 요리 등에 더 적합하다.

나는 아히요용으로 지름 15cm 정도의 작은 것부터 일반 냄비처럼 손잡이가 있는 28cm 크기의 것, 스튜용으로 깊이가 있는 것 등 기회가 있을 때마다 다양한 카수엘라를 사서 구비해 둔다.

참피뇨네스 알 아히요

전복 아히요
Abulón al Ajillo

RECIPE 85p

전복으로 아히요를 만들어보겠다고 생각한 것은 한국에서는 전복을 쉽게 살 수 있기 때문이다. 셰프인 아버지는 내가 어렸을 때부터 전복을 구울 때면 꼭 마지막에 버터를 한 조각 얹어 건네주셨는데, 그게 기억나 전복 아히요에도 항상 버터 한 조각을 투입한다. 스페인 사람들은 일반적으로 새우와 양송이를 주재료로 쓰는데 전복이 아니라도 닭고기, 마, 콩, 소라, 꼴뚜기 등등 취향대로 재료를 고르면 좋다. 단, 올리브 오일과 마늘과의 궁합을 꼭 고려해 볼 필요는 있다. 그리고 기본적인 재료인 새우에 토마토를 더해서 지중해풍으로, 아니면 올리브 오일에 화자우(초피가루)를 조금 넣어 중국 쓰촨식으로 요리하는 등 아히요에 대한 창의력을 발휘해 보는 것도 좋겠다.

아불론 알 아히요

TAPAS 19

로메스코 소스를 곁들인 대파 구이
Calçotada con Salsa Romesco

RECIPE
(86p)

스페인식 발음인 로메스코는 카탈루냐에서 애용하는 소스의 이름이다. 집집마다 그리고 식당마다 각자의 비법을 자랑하는 이 소스는 카탈루냐주 타라고나의 어부들이 국물 요리에 넣었던 것이 시작이지만, 각종 해산물 구이나 육류 요리에 넣기도 한다. 또한 샐러드나 구운 채소에 뿌려도 맛있는데, 특히 구운 칼솟을 찍어 먹는 소스로도 유명한 만능 소스이다. 칼솟은 모양도 맛도 대파와 똑같지만, 엄밀하게 말하면 양파의 일종. 그 칼솟을 숯불에 구운 요리가 '칼솟타다'이다.

어느덧 30년 전, 아직 쌀쌀함이 남아 있는 2월 초순이었다. 바르셀로나에서 차로 2시간 정도 걸리는 몬세라트 수도원 근처의 어느 작은 마을에서 칼솟타다와 똑같은 방식으로 숯불에 구운 어린 양고기를 실컷 먹었는데, 그 맛은 지금도 또렷하게 기억하고 있다.

수확이 끝난 포도나무 가지를 쌓아 불을 피우고 커다란 철망 위에 칼솟을 가지런히 올려 직접 불에 굽는다. 새까맣게 구워진 칼솟은 아래부터 겉껍질을 잡아당겨 벗겨내고, 가장 가운데에 있는 촉촉하고 부드러운 부분에 로메스코 소스를 찍어서 먹는다. 포도나무 가지로 구우면 칼솟에 그 향이 스며든다고 한다. 칼솟타다의 인기는 해마다 높아지고 있는데, 지금은 바르셀로나의 레스토랑 메뉴판에서도 그 이름을 볼 수 있을 정도다. 한국의 김장철에 출하되기 시작하는 대파나 초봄의 움파를 숯불에 구워 로메스코 소스를 찍어 먹어도 그 맛을 충분히 즐길 수 있다. 술은 레드 와인으로 준비할 것.

칼솟타다 콘 살사 로메스코

바칼라오, 토마토, 파프리카 샐러드
Ensalada de Bacalao, Tomate y Pimiento

RECIPE 88p

바칼라오 샐러드인 '에스케이샤다(Esqueixada)'는 카탈루냐 요리의 상징적인 존재 중 하나이다. 바칼라오(대구의 뼈를 제거해 염장한 것)를 손으로 가늘게 찢어 사용하는데, '잘게 찢다' '잡아 뜯다' 등을 의미하는 카탈루냐어 '에스케이샤'에서 유래한 명칭으로, 바칼라오를 일 년 내내 쉽게 구할 수 있는 카탈루냐 사람들이 특히 좋아하는 요리이다. 식당이나 바에서도 인기 있는 메뉴. 바르셀로나의 큰 시장에 가면 바칼라오만을 취급하는 가게가 있는데, 정육점처럼 다양한 부위를 잘라서 판매한다.

또한 카탈루냐에서는 오래전부터 가톨릭 행사인 사순절에 바칼라오를 먹는 관습이 있었다. 원래 부활절 전의 40일 동안은 예수 고난의 시간을 기리며 욕망을 억제하고 예수가 단식했듯이 신도들도 단식을 하는 종교적인 관습이 있었다. 하지만 지금은 일반적으로 금요일과 성주간 사이에 육식을 피할 뿐 금식은 하지 않는다. 카탈루냐뿐만 아니라 스페인 전역에서 부활절 전의 '성스러운 금요일'에는 육식을 끊고, 바칼라오와 콩 스튜 같은 요리를 먹는다. 그러고 보면 그 '성스러운 금요일'에는 바에서도 고기 요리가 나오지 않았던 듯하다.

이 책에서 사용한 바칼라오는 염분을 제거한 것을 구입했기 때문에 해동 후에 수분을 완전히 제거하고 그대로 샐러드용으로 손으로 찢어서 사용하면 된다. 한국의 대구를 염장한 후 조리해도 이 샐러드를 만들 수 있다.

엔살라다 데 바칼라오, 토마테 이 피미엔토

RECIPES

TAPAS 1

마늘과 토마토를 바른 바게트
Pan con Tomate

8 makes

바게트(또는 캄파뉴)
  조각 8장
완숙 토마토 1개
마늘 2쪽
올리브 오일 3~4큰술
소금 약간
하몽 이베리코 4~6장

1. 오븐 토스터에 빵의 양면을 노릇하게 굽는다. 너무 오래 구워 딱딱해지지 않도록 주의한다.
2. 마늘은 반 자른 후 마늘의 단면을 1의 빵 한쪽 면에 문지른다.
3. 토마토는 가로로 반 자른 후 단면을 2에 문지른다.
4. 3 위에 소금과 올리브 오일을 뿌린다.
5. 4 위에 하몽을 손으로 찢어 올린다.

판 콘 토마테

TAPAS 2

버섯 파테와 하몽 세라노
Pincho de Pate de Champiñones y Jamón Serrano

8 makes

양송이 파테
양송이 150g
양파 1/4개
올리브 오일 1큰술
다시마 물 4큰술
버터 30g
생크림 1/4컵
소금 약간

바게트 조각 8장
양송이 4개
하몽 세라노 적당량
올리브 오일 약간

다진 이탈리아 파슬리 1/2큰술

1. 양송이 파테 재료 중 양송이는 얇게 슬라이스하고 양파는 다진다.
2. 올리브 오일을 두른 팬에 1의 양송이와 양파를 넣고 부드러워질 때까지 볶다가 다시마 물을 붓고 약한 중불에서 3분 정도 국물이 거의 없어질 때까지 조린다.
3. 믹서에 2와 버터, 생크림을 넣고 기호에 맞게 갈아준다. 소금으로 간하여 그릇에 담는다.
4. 양송이는 밑동을 떼어내고 세로로 반을 자른 후 올리브 오일을 두른 팬에 올려 양송이가 노릇해질 때까지 굽는다.
5. 바게트 위에 하몽 세라노, 3의 양송이 파테, 4의 양송이 순으로 올리고 꼬치를 꽂은 뒤 다진 파슬리를 뿌려 낸다.

핀초 데 파테 데 참피뇨네스 이 하몽 세라노

TAPAS 3

스페인식 감자 샐러드
Ensalada Campera

4~6 serves

양파 1개
블랙 올리브 15개
감자 6개
안초비 3조각

드레싱
화이트 와인 비니거
 2큰술
소금 1큰술
후춧가루 약간
알리올리 마요네즈(81p)
 1/4컵
올리브 오일 4큰술

다진 이탈리아 파슬리
 1큰술

1. 양파는 가늘게 채 썰어 30분간 물에 담가 매운맛을 뺀다.
2. 블랙 올리브는 세로로 반 자른다.
3. 감자는 껍질을 벗긴 후 끓는 물에 소금과 함께 넣고 부드럽게 삶은 뒤 건져내 물기를 빼고 굵게 으깬다.
4. 3에 양파, 블랙 올리브, 드레싱 재료를 넣고 잘 섞는다. 이때 감자가 완전히 으깨지지 않게 주의한다.
5. 그릇에 4를 담고 안초비를 올린 뒤 다진 파슬리를 뿌려 낸다.

엔살라다 캄페라

염장 대구 튀김
Buñuelos de Bacalao

3~4 serves

대구 살 400g
소금 1큰술

후춧가루 약간
밀가루 약간
레몬 1개

튀김옷
달걀 2개
밀가루 150g
베이킹파우더 1작은술
우유 3/4컵
다진 파슬리 1/2큰술

식용유 적당량

시판용 냉동 바칼라오(염장 대구) 살을 사용할 경우는 88p 바칼라오 손질법을 참고한다.

1. 대구 1마리를 준비하여 껍질을 제거한 후 살만 준비한다. 소금(대구 살 무게의 3~6%)을 뿌려 문지른 후 랩을 씌어 하루 정도 냉장실에서 재운다. 요리할 때 끓는 물에 넣고 살짝 데친 다음 물기를 닦고 손으로 잘게 찢어 준비한다.
2. 튀김옷 재료 중 달걀은 노른자와 흰자를 분리한다. 볼에 달걀노른자와 나머지 재료를 넣고 거품기로 젓는다.
3. 달걀흰자는 다른 볼에 넣고 부풀어오를 때까지 충분히 거품을 낸 후 2에 넣고 섞는다.
4. 1의 염장 대구에 밀가루를 가볍게 묻혀 3에 넣고 버무린다.
5. 170°C에 가열한 기름에 4를 넣고 기름 온도를 180°C로 높여 5분 정도 튀긴다.
6. 튀긴 바칼라오에 소금을 살짝 뿌리고 웨지 모양으로 자른 레몬을 곁들여 낸다. 알리올리 마요네즈(81p)를 곁들여도 좋다.

부뉴엘로스 데 바칼라오

TAPAS 5

하몽 이베리코 크로켓
Croquetas de Jamón

15 makes

양파 1개
하몽 이베리코 50g

올리브 오일 1큰술
버터 50g
밀가루 40g
우유 1 1/2컵
모차렐라 치즈 50g
소금 1작은술
후춧가루 약간

튀김옷
밀가루 1컵
달걀 2개
빵가루 3컵

식용유 적당량

1. 양파와 하몽은 잘게 다진다.
2. 다진 하몽은 에어프라이어 180°C에서 5분간 굽는다.
3. 작은 냄비에 올리브 오일과 버터를 넣고 달군 후 1의 양파를 타지 않게 볶다가 밀가루를 넣어 2분 정도 약불로 볶은 후 불을 끈다.
4. 냄비의 온도가 약간 내려가면 우유를 넣고 중불에 올려 거품기로 젓는다. 걸쭉해지면 모차렐라 치즈, 소금, 후춧가루, 2의 하몽을 넣고 섞는다.
5. 4를 트레이에 옮겨 담고 냉장실에서 3~4시간 식힌 후 단단한 반죽으로 만든다.
6. 볼에 튀김옷 재료 중 밀가루와 달걀을 넣고 고루 섞는다.
7. 5의 반죽을 한 입 크기로 동그랗게 빚은 후 6의 튀김옷을 입히고 빵가루를 고루 묻혀 180°C로 가열한 기름에서 튀긴다.

크로케타스 데 하몽

TAPAS 6

갈리시아식 문어와 감자
Pulpo a la Gallega

4~6 serves

생돌문어 1kg
굵은소금 3큰술

감자 4개

물 3L
통후추 1큰술
월계수 잎 1장
소금 약간

파프리카 파우더 1큰술
굵은소금 약간
올리브 오일 4큰술

1. 문어는 내장과 눈, 입까지 제거한 후 굵은소금을 뿌려 흰 거품이 안 나올 때까지 박박 문지른다. 흐르는 물에 여러 번 씻은 후 체에 밭쳐 물기를 없앤다.
2. 감자는 껍질을 벗긴 후 가로로 4등분한 후 물에 담가둔다.
3. 냄비에 분량의 물과 소금, 통후추, 월계수 잎, 1의 문어를 모두 넣고 중약불에서 10분 동안 삶는다.
4. 3에 2의 감자를 넣고 10~12분간 중약불에서 계속 삶는다. 감자가 익으면 불을 끄고 먼저 감자를 건져낸다. 문어는 냄비에 그대로 두고 5분 정도 식힌다.
5. 문어를 건져 뜨거울 때 한 입 크기로 자른 후 감자와 같이 그릇에 담아 굵은소금, 파프리카 파우더, 올리브 오일을 뿌려 낸다.

풀포 아 라 가예가

TAPAS 7

꿀에 절인 가지 튀김
Berenjenas Fritas con Miel

2~3 serves

가지 2개
소금 1작은술
밀가루 1/2컵
식용유 적당량
꿀 적당량

1. 가지는 꼭지를 떼어내고 가로로 반, 세로로 4등분한 다음 물에 10분 정도 담가 떫은맛을 뺀다.
2. 가지의 물기를 닦고 볼에 넣어 소금으로 간한 후 밀가루를 골고루 묻힌다.
3. 180°C로 가열한 기름에 가지를 노릇하게 튀긴다. 가지의 겉면이 바삭해지면 건져내어 기름기를 빼고 소금을 약간 뿌린다.
4. 그릇에 3을 담고 꿀을 뿌려 낸다.

베렌헤나스 프리타스 콘 미엘

TAPAS 8

하몽 이베리코와 살모레호 토스트
Tosta de Jamón Iberico con Salmorejo

4 makes

바게트 4조각
하몽 이베리코 슬라이스 2장
살모레호 소스 적당량

1. 바게트는 토스터나 올리브 오일을 두른 팬에 바삭하게 굽는다.
2. 1의 바게트에 살모레호 소스를 바른 후 하몽 이베리코를 올린다.

살모레호 소스
Salsa Salmorejo

200ml

바게트(두께 5cm) 1개
토마토 2개
마늘 1쪽
화이트 와인 비니거 2작은술
올리브 오일 2큰술
소금 1/4작은술

1. 바게트는 물에 담가 5분 정도 둔다.
2. 토마토는 꼭지를 떼고 4등분한다.
3. 믹서에 1의 바게트, 2의 토마토와 나머지 재료를 넣고 퓌레 상태로 간다.

토스타 데 하몽 이베리코 콘 살모레호

마늘과 아몬드 수프
Ajo Blanco

4~6 serves

바게트(두께 2cm) 2장
아몬드 1컵
마늘 4쪽
차가운 물 500~600ml
셰리 와인 비니거 2큰술
올리브 오일 4큰술
소금 1작은술
흰 후춧가루 약간

청포도 3~4알
딜 약간
올리브 오일 약간

1. 바게트는 잠길 정도의 물을 붓고 5분간 담가둔다.
2. 아몬드는 뜨거운 물에 10분 정도 담가 껍질을 벗긴다.
3. 믹서에 마늘과 아몬드를 넣고 곱게 간다.
4. 1의 바게트를 물에서 건져내어 3에 넣고 다시 간다.
5. 4에 올리브 오일을 조금씩 넣어주면서 페이스트 상태로 갈아준다.
6. 5에 물과 셰리 와인 비니거, 소금과 흰 후춧가루로 간한 다음 수프 상태로 갈아준다.
7. 차갑게 식힌 그릇에 6을 담은 후 청포도, 딜을 올리고 올리브 오일을 뿌려 낸다.

아호 블랑코

TAPAS 10

안초비 핀초
Pincho de Anchoas

12 makes

바게트 12조각
안초비 12개
무염 버터(두께 5mm 슬라이스) 12장

1. 각각의 바게트 위에 무염 버터를 올린다.
2. 1 위에 안초비 1개를 얹어 낸다.

핀초 데 안초아스

스페인식
해산물 마리네이드
Salpicón de Mariscos

2~3 serves

삶은 문어 다리 150g(1~2개)
오이고추 2개
붉은 파프리카 1/2개
노란 파프리카 1/2개
방울토마토 8개
블랙 올리브 8개

소스

화이트 와인 비니거 1큰술
레몬즙 1큰술
올리브 오일 3큰술
소금 1작은술
후춧가루 약간

딜 적당량

1. 문어 다리는 먹기 좋게 1cm 두께로 자른다.
2. 오이고추, 파프리카는 사방 1cm 큐브 모양으로 자르고 방울토마토는 가로로 반, 블랙 올리브는 가로로 6등분한다.
3. 볼에 1의 문어와 2의 채소, 소스 재료를 넣고 버무린다.
4. 그릇에 3을 담고 딜 잎을 얹어 낸다.

살피콘 데 마리스코스

TAPAS 12

무화과, 올리브, 아몬드를 품은 돼지고기 오븐 구이
Pierna de Cerdo con Higo, Aceituna y Almendra al Horno

4~6 serves

돼지 앞다리 살 덩어리 1kg

무화과 6개
무화과 잼 4큰술
명주실
올리브 오일 4큰술

속 재료
양파 1개
마늘 2쪽
그린 올리브 10개
블랙 올리브 10개
빵가루 1컵
케이퍼 1큰술
다진 아몬드 2큰술
다진 피스타치오 2큰술
레몬즙 1/2개분
다진 이탈리아 파슬리 1큰술
달걀노른자 1개

소금 2큰술
후춧가루 약간
올리브 오일 3큰술

1. 오븐을 210°C로 예열한다.
2. 무화과는 세로로 4등분한다.
3. 속 재료 중 양파와 마늘은 잘게 다지고 올리브는 굵게 다진다.
4. 팬에 올리브 오일을 두르고 3의 마늘과 양파를 넣어 볶는다.
5. 볶은 마늘과 양파를 볼에 옮겨 담고 나머지 속 재료를 더해 잘 섞는다.
6. 돼지고기는 수직으로 크게 칼집을 내고 그 사이에 무화과 잼을 넣고 고기 앞면에도 바른다.
7. 6에 5의 속 재료를 채우고 2의 무화과를 균일하게 올린다.
8. 7의 고기를 명주실로 묶고 소금과 후춧가루를 뿌린 후 고기 전체에 올리브 오일을 바른다.
9. 예열한 오븐에 8의 고기를 넣고 30분간 구운 후, 190°C로 낮춰 30분 정도 더 굽는다.
10. 다 구워지면 오븐에서 꺼내 잔열이 금세 식지 않도록 포일로 잘 싸서 10분간 상온에서 휴지시킨 후 얇게 썰어 낸다.

피에르나 데 세르도 콘
이고, 아세이투나스 이 알멘드라 알 오르노

풋고추와 산 시몬 다 코스타 치즈 구이

Pimientos Rellonos con Queso San Simon Da Costa

2 serves

풋고추 6개
산 시몬 다 코스타 치즈 60g
올리브 오일 2큰술
소금 약간
꼬치 6개

1. 풋고추는 세로로 반 갈라서 씨를 제거한다.
2. 산 시몬 다 코스타 치즈는 잘게 자른다.
3. 1의 풋고추 반쪽에 2의 산 시몬 다 코스타 치즈 10g씩을 넣고 다른 반 쪽으로 덮은 다음 꼬치를 꽂아 고정한다.
4. 팬에 올리브 오일을 두르고 3의 풋고추를 올려 중불에서 굽는다.
5. 고추 겉면에 하얗게 막이 생기고 치즈가 녹아 밖으로 흘러내릴 정도로 구워지면 그릇에 담고 소금을 뿌려 낸다.

피미엔토스 레예노스 콘 퀘소 산 시몬 다 코스타

생선 튀김 마리네이드
Escabeche

4 serves

흰 살 생선살(도미 또는 민어) 4조각
소금, 후춧가루 약간씩
밀가루 1/2컵
식용유 적당량

마리네이드

A: 마늘 3쪽
  양파 1/2개
  당근 1/3개
  주키니 1/3개
  월계수 잎 2장
  올리브 오일 4큰술
B: 화이트 와인 1/2컵
  화이트 와인 비니거 3큰술
  물 70ml
  비정제 설탕 1큰술

레몬 조각 4개
다진 이탈리아 파슬리 약간
올리브 오일 적당량

1. 생선은 껍질이 있는 상태의 흰 살만 준비해 소금과 후춧가루를 뿌려 간한다.
2. 마리네이드 재료 A의 마늘은 다지고, 양파는 채 썰고, 당근과 주키니는 1.5cm 두께로 동그랗게 자른다.
3. 냄비에 올리브 오일을 두르고 2의 마늘을 볶다가 살짝 갈색이 되면 양파, 당근, 주키니와 월계수 잎을 넣고 부드러워질 때까지 중약불에서 볶는다.
4. 3에 B의 화이트 와인을 넣고 알코올이 날아가면 화이트 와인 비니거, 물, 설탕 순으로 넣은 후 3분간 강불에 조린다.
5. 1의 생선에 밀가루를 살짝 묻혀서 170°C로 가열한 기름에 넣고 바삭하게 튀긴 후, 바로 4에 넣는다.
6. 5를 냉장실에 넣어 4시간 정도 차갑게 재운 후 그릇에 담아 레몬 조각을 얹고 다진 파슬리와 올리브 오일을 뿌려 낸다.

에스카베체

파스타 파에야
Fideua

4 serves

피데오 300g
올리브 오일 1/2컵

마늘 2쪽
바지락(또는 조개) 600g
올리브 오일 2큰술

살모레타 소스(81p) 20g

생선 육수(132p) 약 1.2L
소금, 후춧가루 약간씩
사프란 12가닥

알리올리 마요네즈(81p)
 적당량

피데오 Fideo
길이가 짧고 얇은 스페인
 파스타 면

1. 올리브 오일을 두른 냄비에 마늘을 으깨어 넣고 중불에서 볶다가 향이 나면 바지락을 넣고 볶은 후 뚜껑을 덮고 바지락 껍데기가 벌어질 때까지 중불에서 익힌다.
2. 파에야 팬에 올리브 오일을 두르고 중불에서 달군 다음 2cm로 짧게 자른 피데오를 넣고 볶는다.
3. 피데오가 갈색으로 변하면 살모레타 소스를 넣고 섞는다.
4. 3에 생선 육수와 1의 바지락 국물, 사프란 우린 물을 넣고 후춧가루, 소금으로 간한다.
5. 강불에서 5분 정도 끓이다가 중불에서 10분간 조린다. 피데오가 알덴테보다 약간 부드러워지고 국물이 거의 없어지면 1의 바지락을 올리고 불을 끈다.
6. 5를 팬째 식탁에 낸 후 알리올리 마요네즈를 곁들인다.

피데우아

살모레타 소스
Salsa Salmorreta

250ml

건고추 2개
마늘 6쪽
토마토 2개
올리브 오일 1/2컵
소금 약간

1. 건고추는 꼭지와 씨를 제거하고 뜨거운 물에 10분 정도 담근 후 부드러워지면 잘게 자른다.
2. 마늘은 얇게 저미고, 토마토는 껍질째 강판에 간다.
3. 올리브 오일을 두른 팬에 2의 마늘을 넣고 약불에서 천천히 익힌다. 마늘 향이 나기 시작하면 1의 건고추, 2의 토마토를 넣고 소금으로 간하여 중불에서 5분 정도 조린다.
4. 물기가 없어지면 불을 끈 다음 믹서에 넣고 간다.

 ### 알리올리 마요네즈
Mayonesa Alioli

120ml

마늘 4쪽
상온에 둔 달걀노른자 1개
올리브 오일 1/2컵
소금 1/3작은술
식초 1작은술

절구가 없을 경우에는 용기에 마늘, 노른자, 소금을 모두 넣고 핸드 블렌더로 갈다가 올리브 오일 1큰술씩을 넣어가면서 갈아준다. 마지막에 소금과 식초를 넣어 잘 섞는다.

1. 마늘은 굵게 다진다.
2. 절구에 1의 마늘을 넣고 나무 봉으로 으깬다. 즙이 나오기 시작하면 달걀노른자를 넣고 한쪽 방향으로 젓는나.
3. 마늘과 달걀노른자가 잘 섞이면 올리브 오일 1큰술을 넣고 같은 방향으로 저어준다. 이 과정을 분량의 올리브 오일을 다 넣을 때까지 반복한다.
4. 마지막에 소금과 식초를 넣고 잘 섞어 완성한다.

감바스 아히요
Gambas al Ajillo

2 serves

껍데기를 깐 새우 8~10마리
토마토 1/4개
그린 올리브 2~3개
케이퍼 1작은술

아히요 오일

올리브 오일 3/4컵
저민 마늘 2쪽
굵게 다진 페페론치노 3~4개
소금 1작은술

다진 이탈리아 파슬리 약간
다진 딜 약간

1. 껍데기를 깐 새우는 물에 헹군 뒤 체에 밭쳐 물기를 뺀다.
2. 토마토와 그린 올리브는 잘게 자른 후 그릇에 케이퍼와 같이 넣고 섞는다.
3. 카수엘라에 아히요 오일 재료를 모두 넣고 약불로 천천히 끓인다.
4. 마늘이 갈색이 되면 1의 새우를 넣고 1분간 익히다가 불을 끈다.
5. 2를 4의 카수엘라에 올린 후 굵게 다진 파슬리와 딜을 뿌려 낸다.

감바스 알 아히요

(NOTE)

카수엘라 Cazuela

카수엘라는 스페인의 전통 내열 용기의 하나로, 스페인어로는 '냄비' 또는 '냄비 요리'라는 의미인데, 가정에서뿐만 아니라 레스토랑이나 바에서도 사용한다. 적은 양의 요리나 스튜 요리는 물론이고 오븐 요리나 크레마 카탈라나 등의 디저트에도 활용할 수 있다. 음식을 따뜻한 상태로 유지하는 보온성이 높은 것이 특징으로, 카수엘라 중에는 직화 사용이 가능한 것도 있어서 조리한 상태 그대로 냄비째 식탁에 올릴 수도 있다. 카수엘라는 테라코타(유약을 바르지 않은 도기)이며, 갈색이나 적갈색을 띠고 있는 것이 일반적이다. 크기나 모양, 깊이 등이 다른 다양한 버전이 있어서 용도에 맞게 선택할 수 있다.

카수엘라 손질법

1. 카수엘라를 하룻밤 물에 담가둔다.
2. 다음 날 물을 버리고 자연 건조시킨 후, 유약을 바르지 않은 바닥 뒷면을 마늘을 잘라 문지른다.
3. 카수엘라에 물에 넣고 약불에 끓이거나 160°C로 예열한 오븐에 넣는다.
4. 물이 3분의 2 정도 증발하면 불을 끄고(오븐에서 꺼내고) 카수엘라가 식을 때까지 기다린다.

TAPAS 17

양송이 아히요
Champiñones al Ajillo

2 serves

양송이 8~10개

아히요 오일
올리브 오일 3/4컵
저민 마늘 2쪽
굵게 다진 페페론치노 3~4개
소금 1작은술

화이트 와인 1큰술
다진 이탈리아 파슬리 약간

1. 올리브 오일을 두른 팬에 저민 마늘을 넣고 약불로 천천히 끓인다. 마늘이 갈색이 되면 양송이를 넣고 중불에서 5분 정도 조린다.
2. 굵게 다진 페페론치노와 소금을 넣고 양송이와 골고루 섞는다.
3. 2에 화이트 와인을 넣고 불을 끈다. 굵게 다진 파슬리를 뿌려 마무리한다.

참피뇨네스 알 아히요

전복 아히요
Abulón al Ajillo

2 serves

전복 4개

아히요 오일
올리브 오일 3/4컵
저민 마늘 2쪽
굵게 다진 페페론치노 3~4개
소금 1작은술

화이트 와인 1큰술
버터 1큰술
다진 부추 약간

1. 전복은 껍데기를 떼어내고 입 부분을 제거한 후 3~4등분한다.
2. 팬에 아히요 오일 재료를 넣고 약불에서 천천히 끓인다. 마늘이 갈색이 되면 전복을 넣고 중불에서 30초 정도 익히다가 불을 끈다.
3. 2에 화이트 와인과 버터를 넣고 다진 부추를 뿌린다.

아불론 알 아히요

로메스코 소스를 곁들인 대파 구이
Calçotada con Salsa Romesco

2~3 serves

대파(칼솟) 4~6개
올리브 오일 적당량
소금 약간

로메스코 소스(87p) 적당량
굵게 다진 아몬드 약간
올리브 오일 약간

1. 대파는 뿌리를 잘라내고 제일 겉면을 벗긴 뒤 씻어 물기를 닦아낸다.
2. 그릴 팬에 올리브 오일을 두르고 달군 다음 1의 대파를 올려 소금으로 살짝 간하며 강불에서 노릇하게 굽는다. 파의 겉면이 노릇해지면 뚜껑을 덮고 중불에서 잠시 익힌다.
3. 접시에 로메스코 소스와 대파를 올리고 다진 아몬드, 올리브 오일을 뿌린다.

칼솟타다 콘 살사 로메스코

로메스코 소스
Salsa Romesco

300ml

붉은 파프리카 1개
아몬드 2큰술
호두 2큰술
바게트(두께 1cm) 2장
완숙 토마토 1개
마늘 2쪽
올리브 오일 적당량

<u>소스</u>

셰리 와인 비니거 2큰술
파프리카 파우더 1작은술
소금 2작은술
올리브 오일 2큰술

1. 파프리카는 씻어서 통째로 석쇠에 굽거나 직화로 겉면만 까맣게 구운 후 스테인리스 스틸이나 유리 볼에 넣고 포일로 덮어 뜸을 들인다.
2. 1이 완전히 식으면 껍질을 까면서 씨를 제거한다. 이때 나오는 파프리카 즙은 따로 담아 놓는다.
3. 아몬드와 호두는 굵게 다진다.
4. 바게트는 올리브 오일을 둘러 달군 팬에 올려 노릇하게 굽는다.
5. 토마토는 꼭지를 떼고 4등분한 후 마늘과 같이 올리브 오일을 두른 팬에 올려 노릇하게 굽는다. 토마토 껍질은 제거한다.
6. 믹서에 2의 파프리카와 파프리카 즙, 3의 아몬드와 호두, 4의 바게트, 5의 토마토와 마늘을 모두 넣고 갈다가 소스 재료를 넣어 퓌레 상태가 될 때까지 계속 간다.

TAPAS 20

바칼라오, 토마토, 파프리카 샐러드
Ensalada de Bacalao, Tomate y Pimiento

3~4 serves

바칼라오 200g
완숙 토마토 2개
붉은 파프리카 1개

레몬즙 1/2개분
올리브 오일 적당량
후춧가루 약간
다진 이탈리아 파슬리
　1작은술

1. 바칼라오(염장 대구)는 소금기를 빼기 위해 충분한 물에 12시간 정도 담근 후 냉장실에 둔다. 중간에 서너 번 정도 물을 갈아준다.
2. 냄비에 물을 끓이고 1의 대구를 넣고 약불에서 10분간 살이 부드러워질 때까지 익힌다.
3. 2를 체에 받쳐 물기를 뺀 다음, 볼에 넣는다.
4. 토마토는 세로로 반 잘라 반달 모양으로 얇게 썬다. 파프리카는 씨를 제거하고 길게 채 썬다. 3의 볼에 같이 넣는다.
5. 4에 레몬즙과 올리브 오일을 뿌려 버무린 후 후춧가루와 다진 파슬리를 뿌린다.

엔살라다 데 바칼라오, 토마테 이 피미엔토

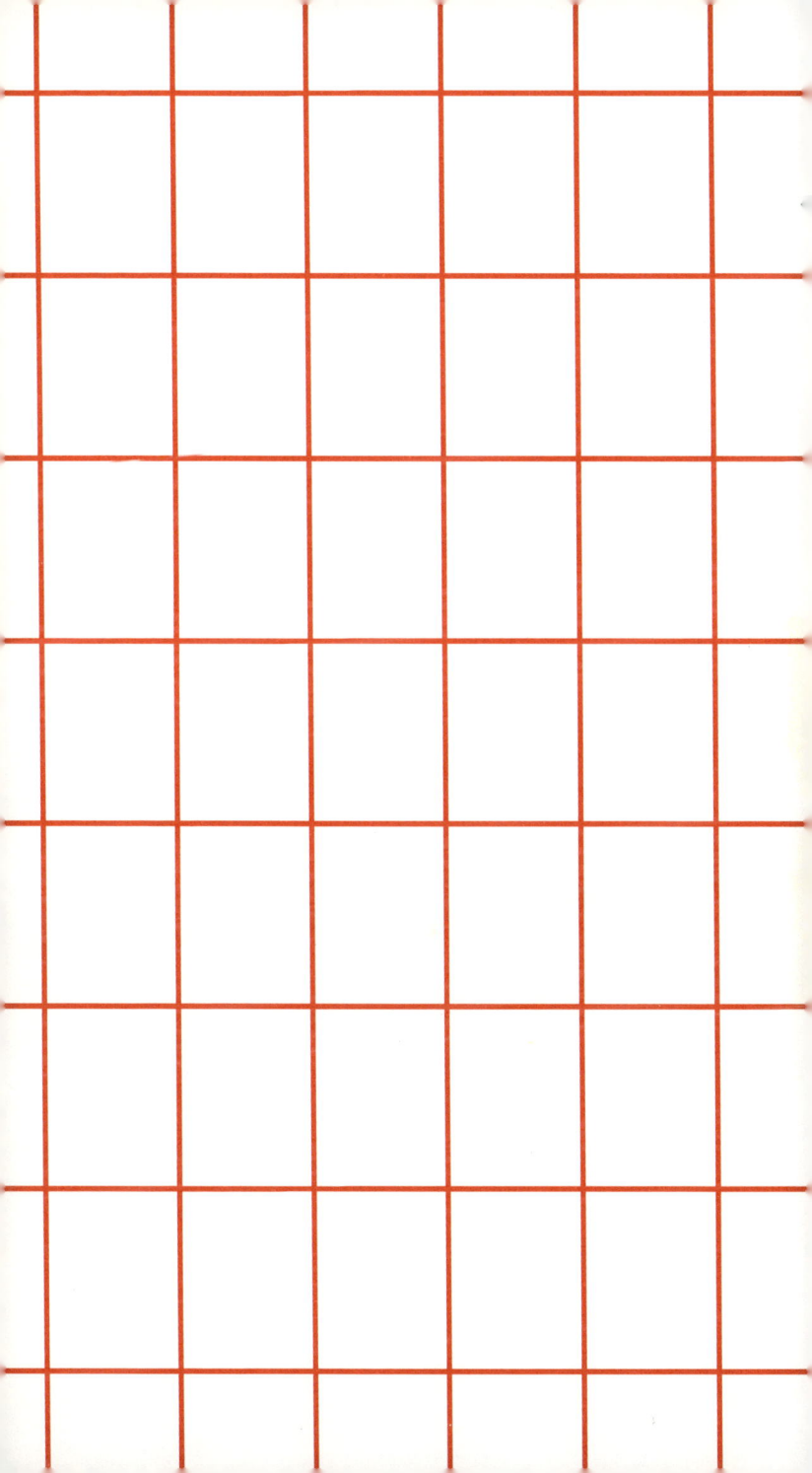

TAPAS 21

양고기 레몬 구이
Cordero al Limón

RECIPE

 스페인은 유럽 중에서도 어패류 소비량이 가장 많은 나라이지만, 그럼에도 역시 스페인 음식의 토대는 육식이다. 잔칫날에는 돼지나 양, 닭을 도축해서 먹지만, 평상시에는 콩 스튜에 염장한 돼지고기를 조금 넣어 먹을 뿐이다. 그런 식생활을 수백 년 동안 해온 스페인 사람에게 지금도 '진수성찬'은 육류를 의미한다고 해도 과언이 아니다.
 스페인에서 살 때 일요일 점심 식사에 초대를 받아 가면 양고기 중에서도 가장 육즙이 풍부하고 감칠맛이 있는 갈비가 준비되어 있고는 했다. 한 살 미만의 어린 양인 코르데로와 함께 마늘이나 감자를 오븐에 넣어 굽는다. 나는 칼솟타다를 먹은 후, 숯불 향이 남아 있는 코르데로에 알리올리 마요네즈를 듬뿍 찍어서 먹었을 때의 그 맛을 잊지 못한다. 요리 교실에서도 손님을 초대해 양고기를 구울 때면 반드시 알리올리 마요네즈를 준비한다. 요즘은 한국에서도 양고기를 손쉽게 구입할 수 있는데, 양고기 특유의 풍미를 싫어하는 사람이 많아서 레몬과 허브를 듬뿍 사용한 레시피로 변형해 보았다.

코르데로 알 리몬

스페인식 크렘 브륄레
Crema Catalana

RECIPE 123p

크레마 카탈라나는 명칭 그대로 카탈루냐 지방의 전통 과자이며 스페인의 대표 디저트이기도 하다. 그 역사는 길게 중세까지 거슬러 올라가는데, 카탈루냐에서는 '크레마 데 산 요셉'이라고 해서, 매해 3월 19일 성 요셉의 날에 크레마 카탈라나를 먹는 관습이 있다. 성 요셉은 예수의 아버지이며, 스페인에서는 그날이 아버지의 날이기도 하다.

또한 프랑스의 크렘 브륄레는 바닐라 풍미이지만, 크레마 카탈라나는 지중해의 디저트답게 시나몬 스틱으로 향을 낸다. 오븐에 굽지 않고 옥수수 녹말로 굳히기 때문에 냄비 하나로 만들 수 있다. 카탈루냐에서는 전용 인두를 사용해 표면을 노릇하게 굽지만, 집에서 만들 경우에는 휴대용 토치나 못 쓰게 된 큰 스푼을 달궈서 탄 자국을 만들어주면 된다.

크레마 카탈라나

TAPAS 23

차가운 토마토 수프
Gazpacho

RECIPE
124p

여름을 타서 입맛이 없어질 때면 냉장 보관해 둔 가스파초를 꺼내 보리차나 아이스커피 대신 마신다. 일본의 찌는 듯한 더위와 달리 바르셀로나의 여름은 타는 듯한 더위다. 바르셀로나의 여름이 시작되면 근무했던 회사 근처의 레스토랑이나 타파스 바의 '오늘의 정식'에 가스파초가 있는지 먼저 확인하고는 했다. 일본의 미소시루, 한국의 소고기국처럼 가스파초를 한 입 먹으면 왠지 마음이 편안해진다.

토마토는 지나치지 않을 만큼 적당하게 숙성된 것을 사용하며, 농도를 조절하고 감칠맛을 내기 위해 넣는 바게트는 맛이 단순하고 좋은 품질의 것을 선택한다. 일 년 내내 따뜻하고 건조한 스페인에서는 식재료를 발효시키거나 시간을 많이 들이는 요리보다 식재료 자체의 맛을 살리는 조리법이 발달했다. 올리브 오일, 식초, 소금, 약간의 향신료, 허브. 스페인의 주방은 의외로 심플했다고 기억한다.

가스파초

카탈루냐 지방식 여름 채소 샐러드
Escalivada

RECIPE
125p

에스칼리바다는 카탈루냐어로 '남은 불로 굽다'는 의미인데 옛날 농부들이 먹던 방식에서 유래했다. 그 옛날 농부들이 산에서 양이나 산양 등의 가축을 방목할 때, 자루에 채소를 담아 가 숯불이나 재에 구워 먹었던 것이 기원이라고 전해지는 카탈루냐 지방의 향토 음식. 지금은 집에서 오븐이나 가스레인지로 손쉽게 구워 까맣게 탄 껍질을 벗겨서 먹기도 하고, 마리네이드하거나 파에야 등의 쌀 요리에 얹는 등 카탈루냐 요리에서는 빼놓을 수 없는 존재가 되었다. 가지와 파프리카가 제철인 한여름에 가스레인지 앞에서 땀을 줄줄 흘리면서도 채소를 새까맣게 태워가며 굽는 집념은 그 고소한 향과 어떤 조리법보다 달콤하게 느껴지는 채소의 매력에 빠져 있기 때문이다. 비니거, 올리브 오일, 소금, 후춧가루로 간을 한 뒤 차갑게 식혀 먹어도 맛있다. 핀초 재료로서 바게트에 얹어 먹는 방법도 있다.

에스칼리바다

오징어 먹물 파에야
Arroz Negro

RECIPE 126p

지중해에 면해 있는 카탈루냐와 발렌시아의 해안선 주변에서 먹어온 '검은 쌀'이라는 뜻의 아로스 네그로. 파에야 팬이나 테라코타 소재의 카수엘라에 만들며, 레몬즙과 알리올리 마요네즈를 곁들여 먹는다.

처음 요리 교실을 시작할 때는 한국 주재원의 부인 등 일본인 수강생이 꽤 많았는데, 어느 날 요리 교실에서 아로스 네그로를 만들었을 때의 일이다. 일본인 여성 한 명이 "까만색 요리는 거부감이 들어서 못 먹을 것 같아요. 죄송한데 제 몫은 싸 가지고 가도 될까요?" 하고 물었다. 아마 일식에는 새까만 요리가 거의 없어서 거부감이 들었을 것이다. 그리고 다음 요리 교실 시간. 그 여성이 신기하다는 듯 "요전의 아로스 네그로는 가족에게 나눠줬는데, 저도 맛이 궁금하더라고요. 그래서 밤에 집 안의 불을 끄고 어둠 속에서 한 입 먹어봤는데, 보기와는 달리 너무 부드럽고 맛있는 거예요."하고 말했다. 10년이 더 지난 지금에도 아로스 네그로를 만들 때마다 그녀를 떠올린다. 사실 오징어 먹물 때문에 새까맣고 반지르르한 아로스 네그로를 처음 맛본 사람들은 보기와 달리 그 부드럽고 깊은 맛에 대부분 놀라워한다.

쌀은 스페인산을 고집할 필요 없이 한국 쌀로도 충분하다. 단, 쌀에 수분이 있으면 육수가 잘 스며들지 않으므로 쌀을 씻지 않고 사용하는 게 좋다. 그리고 파에야 팬의 가장자리에도 불이 닿을 수 있도록 팬 방향을 바꿔가며 익히는 것이 요령이다.

아로스 네그로

TAPAS 26

생멸치 초절임
Boquerones en Vinagre

RECIPE 127p

 칸타브리아해 연안 지역에서는 크고 살이 실한 멸치가 많이 잡히는데, 현지인들은 비나그레(초절임)나 프리토스(튀김) 그리고 마리네 등의 요리법으로 즐긴다. 안초비도 직접 만드는 집이 많은데, 칸타브리아해에서 잡히는 안초비의 품질은 정말 훌륭하다. 이곳의 안초비 통조림은 여행 선물로도 세계적인 인기를 얻고 있다. 그리고 타파스 재료로서도 빼놓을 수 없다.

 그 칸타브리아 출신인 이사크와는 십 년 전쯤 홍대에 있는 스페인 레스토랑에서 만났다. 한국인 아내와 함께 스페인 식재료를 수입하는 회사를 운영하는 이사크는 칸타브리아주의 산탄데르 출신. 이사크 부부에게 요리 교실의 식재료를 부탁하면서 자연스럽게 친해졌고, 이사크가 본가의 부친과 함께 안초비나 보케로네스를 자주 만들었다는 얘기를 듣게 되자 안초비를 현지인에게 직접 배워보고 싶다는 욕심이 생겼다. 다행히 이사크는 흔쾌하게 승낙했고, 현지인에게 배운 소금 농도 덕분에 그로부터 8년 동안 매년 수강생들과 맛있는 안초비를 담그고 있다.

 이 책에서는 올리브 오일에 담그는 안초비는 아니지만, 즉석에서 만들 수 있는 보케로네스, 즉 멸치 초절임을 만드는 법을 소개한다. 이사크의 회사에서도 보케로네스를 수입하고 있지만, 한국에서 어획한 멸치로 신선한 보케로네스를 만들어보는 것도 좋을 듯하다.

보케로네스 엔 비나그레

갈리시아 지방의 가리비 구이
Vieiras a la Gallega

RECIPE 128p

칸타브리아해와 대서양의 조류가 만나는 절호의 어장을 가진 갈리시아는 문어를 비롯한 조개 등의 어패류가 풍부하다. 그중 하나가 가리비. 갈리시아주의 주도인 산티아고 데 콤포스텔라는 예수의 12사도 중 한 명인 성 야곱의 유해를 모시고 있는 순례지로 유명하며, 순례자를 포함한 관광객도 많이 찾는 곳이다. 예전부터 가리비는 순례의 표식이었는데, 스페인뿐만 아니라 거의 모든 유럽 해변에서 쉽게 볼 수 있는 가리비 껍데기를 순례자들이 물을 마시는 도구로 들고 다녔다. 또한 모자나 지팡이 장식으로 사용하다가 차츰 산티아고의 상징으로 정착되었다고 한다. 그리고 산티아고식으로 창작한 가리비 요리가 바로 비에이리아 아 라 가예가. 가리비에 빵가루와 파프리카 파우더를 더한 양파 소스를 넘치듯 끼얹어 오븐에 굽는 간단한 요리이다. 제철 가리비가 나오기 시작하면 꼭 도전해 보길!

비에이라 아 라 가예가

TAPAS 28

살사 베르데 소스로 조린 대구와 바지락
Bacalao en Salsa Verde

RECIPE
129p

    칸타브리아해에 면한 바스크 지역은 농업에도 낙농에도 적합한 토양인 데다가 중공업이 번성해 경제적으로 풍요로운 사람들이 많은 곳이다. 그러다 보니 바스크는 예전부터 '미식의 땅'으로도 번영을 누렸는데, 세계인들이 찾아오는 고급 레스토랑뿐만 아니라 구 시가지의 소박한 타파스 바나 가정식 요리도 그 맛이 뛰어나다. 미식의 두꺼운 층이야말로 바스크 음식의 매력이 아닐까 한다.

    대서양에서 어획한 신선한 대구를 카수엘라에 담아 요리하는 이 바스크 음식은 초록색 소스를 뜻하는 살사 베르데와 대구의 육즙이 질 냄비 안에서 유화되어 절묘한 맛을 낸다. 거기에 바지락을 더함으로써 보다 깊고 진한 육즙이 나온다. 또한 올리브 오일과 마늘, 파슬리만으로 만드는 살사 베르데는, 안달루시아와 달리 올리브가 귀한 바스크 지역에서 올리브 오일을 최대한 활용하기 위한 지혜에서 생겨난 소스이다.

바칼라오 엔 살사 베르데

TAPAS 29

만체고 치즈와 토마토 샐러드
Ensalada de Tomates y Queso Manchego

RECIPE
130p

    스페인을 대표하는 치즈인 퀘소 만체고. 그 산지는 『돈키호테』에 등장하는 스페인 북부의 라만차 지역으로, 만체고 품종의 양젖으로 만드는 반경성 타입의 치즈이다. 약간 딱딱한 식감이며, 양젖 특유의 향과 단맛이 느껴진다. 스페인에 거주한 지 얼마 되지 않았을 때, 남에게 친절함을 베풀기 좋아하는 스페인 사람들이 열심히 권하던 치즈였다. 하지만 우유조차 잘 못 마시던 나는 겨우 한 조각 입에 넣는 정도였을 뿐 레드 와인의 안주로 즐기는 수준까지는 가지 못했다. 건조한 토양의 광대한 평원에서 방목된 양의 농후한 젖은 야생 허브나 나무 열매 향이 어렴풋이 감돈다. 특히 목초가 무성하게 자라는 봄에 짠 젖을 가공해서 숙성 기간을 거쳐 시장에 나오기 시작하는, 여름에서 가을까지의 만체고가 가장 맛있다고 한다.

    만체고 치즈를 먹기 좋게 자르고, 그 위에 토마토로 만든 드레싱을 얹은 후 호두를 곁들여 먹는 이 샐러드는 양젖의 향과 풍미에 거부감을 느끼는 사람도 부담 없이 먹을 수 있다. 만체고 치즈를 구하기 힘들면 고다치즈 등 반경성 타입의 치즈로 만들어도 된다.

엔살라다 데 토마테스 이 퀘소 만체고

TAPAS 30

토마토소스로 조린 스페인 미트볼
Albondigas en Salsa

RECIPE
131p

이슬람 문화의 영향이 짙게 남아 있는 남스페인이 발상지인 알본디가스. 미트볼의 크기는 주먹만 한 것부터 이쑤시개로 찍어 먹을 수 있을 정도로 작은 것까지 만드는 사람에 따라 제각각이다. 미트볼을 튀기듯 굽고 커다란 냄비에 푸짐하게 끓여내는 이 요리는 타파스 바의 기본 메뉴이다. 카수엘라에 담아내며, 1개부터 주문할 수 있다. 훈제 파프리카 가루와 셰리 와인으로 풍미를 더한 토마토소스와, 아몬드를 갈아 넣은 향긋한 비앙코 소스 두 종류가 있는데, 여기서는 대중적인 토마토소스를 소개한다. 파스타를 곁들이면 저녁 식사로도 좋다.

알본디가스 엔 살사

갈리시아 지방식 조개 국밥
Arroz Caldoso

RECIPE 132p

스페인 요리를 대표하는 파에야는 철판에 쌀을 볶은 후 끓이는 요리인데, 이 칼도소는 한국의 국밥도 아니고 죽도 아닌 그런 쌀 요리이다. 아랍 민족의 영향을 받은 이베리아 반도에서는 중세 무렵부터 일찍이 벼농사를 지어서 쌀을 이용한 요리가 다양하다. 지역에 따라 조금씩 다르지만, 기본적으로는 해산물 베이스의 육수에 토마토와 샤프란 등으로 풍미를 낸다. 나는 바스크나 갈리시아 방식인 바지락만으로 육수를 내고 올리브 오일, 소금 그리고 샤프란으로 우아한 맛을 더하는 조리법을 좋아한다. 이때 다양한 요리의 베이스로 사용하는 스페인식 양념장인 소프리토(Soffritto)를 사용해 음식의 향이 살아나게 한다. 마지막으로 다진 파슬리로 향을 더해 준다.

아로스 칼도소

TAPAS 32

바스크 지방의
고추 핀초
Gilda

RECIPE
133p

핀초의 원형이라고 하는 힐다는 바스크 지방의 대표적인 타파스 메뉴인데 긴디야스(Guindillas)와 그린 올리브, 안초비의 세 가지 재료로 구성된다. 긴디야스는 스페인식 고추 절임. 화려하지 않은 비주얼 탓에 왠지 진열대 위에서 조용히 손님을 기다리고 있는 듯한 느낌이 드는 요리이다. 스페인의 스파클링 와인인 카바(Cava)와도 궁합이 좋고 짭짤하고 새콤해서 애피타이저로도 최고!

힐다

TAPAS 33

스페인식 오징어 구이
Calamares a la Plancha

RECIPE
134p

플란차는 스페인어로 철판 구이를 의미한다. 타파스 바의 기본 메뉴로서, 올리브 오일로 가볍게 볶은 작은 오징어나 작은 화살꼴뚜기에 허브 소스 등을 뿌리는 등 바에 따라 맛을 내는 방식이 다르다. 요리법이 아주 간단하므로 부드럽고 신선한 오징어가 있다면 꼭 시도해 보길!

칼라마레스 아 라 플란차

스페인풍 에그 인 헬
Huevos a la Flamenca

RECIPE
135p

플라멩코처럼 화려한 색상 때문에 이름 붙여진 우에보스 아 라 플라멩카는 스페인식 에그 인 헬. 세비야의 향토 음식으로 토마토소스와 초리조, 아스파라거스, 콩 등의 재료를 조린 후 마지막에 달걀을 넣는다. 반숙 달걀을 스푼으로 섞어가며 바게트와 함께 즐긴다. 달걀이 너무 익지 않도록 주의할 것! 레드 와인이나 차가운 맥주에 특히 어울린다.

우에보스 아 라 플라멩카

바스크 지방식 버섯볶음
Plancha de Setas

RECIPE
(136p)

플란차는 철판구이라는 뜻. 버섯도 스페인식 플란차로 요리하면 왠지 일반적인 볶음요리와는 다른 식감이 되니 신기하다. 버섯의 맛이 한창 오르는 봄이나 가을에 바스크 지역에서 자주 먹는 이 음식도 바의 흔한 메뉴이다. 볶은 버섯에 달걀노른자를 섞으면 맛이 부드러워지는데, 나는 거기에 스페인산 트러플 오일을 아주 살짝 더한다.

플란차 데 세타스

RECIPES

양고기 레몬 구이
Cordero al Limón

4 serves

양고기 프렌치 랙
  (또는 숄더 랙) 8개
소금, 후춧가루 약간씩
마늘 2쪽
올리브 오일 적당량

감자 3개
소금, 후춧가루 약간씩
올리브 오일 3큰술

레몬 1개
로즈메리 3줄기
올리브 오일 적당량
소금 약간

이탈리아 파슬리 1줄기

1. 감자는 한 입 크기로 잘라서 볼에 넣고 소금과 후춧가루, 올리브 오일을 뿌려 간한다. 오븐 트레이에 올린 뒤 200°C로 예열한 오븐에서 10분간 굽고 꺼낸다.
2. 팬에 올리브 오일을 두르고 마늘을 으깨어 넣은 후 양고기를 올려 소금, 후춧가루로 간하여 겉면만 굽는다.
3. 레몬은 가로로 반을 자른다.
4. 1의 오븐 트레이에 2의 구운 양고기를 육즙과 함께 올리고, 3의 레몬 중 반쪽은 짜 즙을 뿌리고 소금, 올리브 오일을 뿌린다. 3의 레몬 반쪽과 로즈메리도 함께 올려 190°C로 예열한 오븐에서 10분간 굽는다.
5. 4를 그릇에 담고 파슬리를 올려 낸다.

코르데로 알 리몬

스페인식 크렘 브륄레
Crema Catalana

4 serves

커스터드

A: 우유 1L
　레몬 껍질 1/2개분
　오렌지 껍질 1/2개분
　시나몬 스틱 1개
B: 달걀노른자 6개
　흰 설탕 50g
　전분 40g

무화과 4개
설탕 4큰술

1. 냄비에 A 재료인 우유와 레몬 껍질, 오렌지 껍질, 시나몬 스틱을 넣고 중불로 끓인다. 끓기 시작하면 바로 불을 끄고 향이 우러나오도록 1시간 정도 그대로 둔다.
2. 볼에 B 재료인 달걀노른자와 설탕을 넣고 잘 섞다가 전분을 더한다.
3. 1을 체에 걸러 2의 볼에 붓고 섞는다.
4. 3을 다시 체에 밭쳐 냄비에 넣고 약불로 천천히 걸쭉하게 끓인다.
5. 그릇에 담고 냉장고에서 차갑게 식힌다.
6. 5를 꺼내 설탕을 표면에 골고루 뿌리고 갈색이 될 때까지 토치로 굽는다.
7. 무화과를 4등분해 올려 낸다.

크레마 카탈라나

차가운 토마토 수프
Gazpacho

4~6 serves

완숙 토마토 6개
오이 1/2개
양파 1/4개
붉은 파프리카 1개
마늘 1쪽
바게트(두께 2cm) 2장

소스

화이트 와인 비니거 2큰술
올리브 오일 1/4컵
소금 2작은술

다진 이탈리아 파슬리 약간
올리브 오일 약간

1. 토마토는 끓는 물에 10초간 살짝 데친 후 얼음물에 담가 껍질을 벗긴다.
2. 오이는 껍질을 벗긴 후 세로로 길게 반 잘라 씨를 제거한다. 파프리카도 씨를 제거하고 길게 자른다. 양파는 사방 2cm 크기로, 바게트는 잘게 자른다.
3. 볼에 1의 토마토를 으깨어 넣고 바게트, 오이, 파프리카도 손으로 찢어서 넣는다. 준비한 소스 재료를 모두 넣어 버무린 후 1~2시간 정도 재운다.
4. 3을 믹서에 넣고 물로 농도를 조절해 가며 곱게 갈아 체에 걸러준다.
5. 그릇에 4를 담은 뒤 다진 파슬리와 올리브 오일을 뿌려 낸다.

가스파초

카탈루냐 지방식 여름 채소 샐러드
Escalivada

4 serves

파프리카 4개
가지 4개

드레싱
마늘 3쪽
안초비 4조각
셰리 와인 비니거 3큰술
올리브 오일 6큰술
소금 1작은술
후춧가루 약간

1. 파프리카, 가지는 깨끗이 씻어 물기를 닦은 후 석쇠에 얹어 강불로 겉면만 까맣게 굽는다. 골고루 익도록 중간에 한 번씩 뒤집어준다. (인덕션만 사용하거나 석쇠가 없는 경우에는 토치로 겉면만 구워주면 된다.)
2. 구운 채소는 스테인리스 스틸 볼에 담고 포일 등으로 밀폐해서 뜸을 들인다. 완전히 식으면 껍질과 씨를 제거하고, 살은 손으로 크게 찢어서 볼에 담는다. 이때 채소에서 나오는 즙은 따로 담아둔다.
3. 드레싱 재료 중 마늘과 안초비는 잘게 다져 나머지 재료와 2의 채소즙을 함께 섞어서 2에 부어 버무린 다음 2시간 정도 냉장고에서 숙성시킨다.

에스칼리바다는 냉장고에서 5일 정도 보관해 두고 먹을 수 있다.

에스칼리바다

오징어 먹물 파에야
Arroz Negro

4 serves

오징어 2마리
쌀 2컵

양파 1개
마늘 2쪽
풋고추 3개

화이트 와인 1/4컵
완숙 토마토 2개(통조림 400g)
올리브 오일 1/4컵

오징어 먹물 2큰술
소금 약간
생선 육수(132p) 약 1.2L
알리올리 마요네즈(81p) 적당량

1. 오징어는 껍질을 벗기고 다리는 잘게, 몸은 사방 2cm 크기로 자른다.
2. 쌀은 한 번 정도 씻어 물기를 빼둔다.
3. 양파, 마늘, 풋고추는 잘게 다지고 토마토는 강판에 간다.
4. 파에야 팬에 올리브 오일을 두르고 3의 양파, 마늘, 풋고추를 넣고 중불에 볶는다. 1의 오징어를 넣고 계속 볶다가 화이트 와인을 붓고 알코올 향이 날아가면 3의 토마토를 넣고 5분 정도 조린다.
5. 4에 오징어 먹물, 소금을 넣고 간한다.
6. 5에 2의 쌀을 넣고 잘 섞은 후 생선 육수를 붓고 강불에서 끓인다. 보글보글 끓기 시작하면 중불로 낮추고 물기가 어느 정도 없어질 때까지 팬 방향을 바꿔가며 익힌다.
7. 15분 정도 지나 물기가 거의 없어지면 쌀알을 먹어보고 기호에 맞게 익으면 불을 끄고 뚜껑을 덮어서 10분 정도 뜸을 들인다.
8. 먹을 때 골고루 저어 그릇에 담고 알리올리 마요네즈를 곁들인다.

아로스 네그로

TAPAS 26

생멸치 초절임
Boquerones en Vinagre

12~15 makes

생멸치 300g(12~15마리)
소금 1큰술
화이트 와인 비니거 적당량
올리브 오일 적당량

딜 또는 세이지 약간

1. 멸치는 반으로 가른 후 뼈를 제거한다.
2. 편평한 그릇에 1의 멸치를 올리고 소금을 뿌려 냉장실에서 1시간 정도 재운다.
3. 2의 멸치를 냉장실에서 꺼낸 후 물에 씻어 물기를 재빨리 키친타월로 닦아주고 사각형 밀폐 유리 용기에 담아 화이트 와인 비니거를 멸치가 잠길 정도로 붓는다. 2시간 정도 상온에서 재운다.
4. 3의 멸치를 꺼내 물기를 제거하고 다시 유리 용기에 담아 올리브 오일을 멸치가 잠길 정도로 부어준다. 바로 먹을 수 있지만 하루 정도 냉장실에서 재우면 더욱 풍미가 살아난다.
5. 4를 그릇에 담고 딜 또는 세이지를 올려 낸다.

보케로네스 엔 비나그레

TAPAS 27

갈리시아 지방의 가리비 구이
Vieiras a la Gallega

2~3 serves

가리비 4개
양파 1/2개
올리브 오일 1컵
소금 약간
월계수 잎 1장
빵가루 20g
파프리카 파우더 1작은술
화이트 와인 1/2컵
소금 1/2작은술

다진 이탈리아 파슬리 약간

1. 가리비는 껍데기 사이에 칼을 넣고 비틀어 입을 열고 관자의 내장만 제거한다. 껍데기 한쪽은 버린다.
2. 양파는 잘게 썰어 올리브 오일을 두른 냄비에 넣고 익히다 소금으로 간한 뒤 월계수 잎을 넣어 타지 않게 볶는다.
3. 양파가 투명해지면 빵가루와 파프리카 파우더, 화이트 와인을 넣고 물기가 없어질 때까지 조린다.
4. 1의 가리비 살은 소금을 뿌려 팬에서 살짝 굽는다.
5. 4의 가리비를 다시 껍데기 위에 얹고 3의 양파 소스를 올려 250°C로 예열한 오븐에서 윗부분이 노릇해질 때까지 굽는다.
6. 굵게 다진 파슬리를 5 위에 뿌려 낸다.

비에이라 아 라 가예가

살사 베르데 소스로 조린 대구와 바지락
Bacalao en Salsa Verde

4 serves

찌개용 대구(껍질째) 4도막
올리브 오일 약간
바지락 600g
완두콩 1컵(또는
 아스파라거스 4개)
소금 1작은술
후춧가루 약간

살사 베르데
마늘 2쪽
하몽 세라노 3장
올리브 오일 3큰술
밀가루 1큰술
화이트 와인 1/2컵
물 1/2컵
다진 이탈리아 파슬리 3큰술

다진 이탈리아 파슬리 약간

1. 대구는 손질해 소금, 후춧가루를 뿌려 간한다.
2. 살사 베르데 재료 중 마늘과 하몽은 잘게 다진다.
3. 올리브 오일을 두른 냄비에 마늘을 넣고 약불로 마늘 향이 날 때까지 볶다가 하몽과 밀가루를 넣고 살짝 볶는다.
4. 3에 화이트 와인을 붓고 끓여 알코올이 날아가면 물과 다진 파슬리를 넣고 뚜껑을 덮은 상태에서 약불로 5분간 조린다.
5. 팬에 올리브 오일을 두르고 1의 대구 껍질이 아래쪽으로 가게 얹어서 뒤집개로 누르면서 바삭하게 굽는다. 뒤집어서 반대쪽도 노릇하게 구운 후 4의 살사 베르데 소스를 붓고 바지락, 완두콩을 넣어 뚜껑을 덮고 중불에서 5분간 익힌다.
6. 소금, 후춧가루로 간한 후 불을 끄고 그릇에 담아 굵게 다진 파슬리를 뿌린다.

바칼라오 엔 살사 베르데

만체고 치즈와 토마토 샐러드
Ensalada de Tomates y Queso Manchego

2~3 serves

만체고 치즈 100g
완숙 토마토 1개
방울토마토 6개
호두 2큰술

올리브 오일 2큰술
타임 1줄기
소금, 후춧가루 약간씩

1. 만체고 치즈는 사방 2cm 크기로 자른다.
2. 토마토는 세로로 반 자른 후 강판에 갈아 작은 볼에 담는다. 껍질은 버린다.
3. 방울토마토는 세로로 4등분한다.
4. 호두는 뜨겁게 달군 팬에서 중불로 타지 않게 바싹 볶은 후 칼로 굵게 다진다.
5. 2에 방울토마토, 호두, 올리브 오일을 넣고 소금, 후춧가루로 간한다. 타임은 잎만 떼어내 볼에 넣는다.
6. 접시에 1의 만체고 치즈를 담고 5를 고루 얹어 낸다.

엔살라다 데 토마테스 이 퀘소 만체고

토마토소스로 조린 스페인 미트볼
Albondigas en Salsa

4~6 serves

다진 돼지고기 250g
다진 소고기 250g

고기 양념

소금 2작은술
후춧가루 약간
밀가루 2큰술
다진 마늘 1작은술
굵게 다진 잣 3큰술
다진 이탈리아 파슬리 1큰술

올리브 오일 3큰술
밀가루 적당량

토마토소스

마늘 2쪽
양파 1/2개
올리브 오일 2큰술
홀토마토 1캔(400g)
화이트 와인 150ml
소금 2작은술
파프리카 파우더 2작은술
비정제 설탕 2작은술

잣 적당량
다진 이탈리아 파슬리 약간

1. 볼에 고기와 양념을 넣고 잘 치댄 후 손에 올리브 오일을 바르고 동그랗게 빚어 밀가루를 얇게 묻힌다.
2. 올리브 오일을 둘러 달군 팬에 1을 얹어 겉면을 노릇하게 구운 후 다른 그릇에 옮겨 담는다.
3. 토마토소스 재료의 마늘과 양파는 잘게 다진다.
4. 2의 팬에 올리브 오일을 더 두르고 3의 마늘과 양파를 넣어 중불에서 볶는다. 양파가 투명해지면 나머지 소스 재료를 넣고 한소끔 끓인다.
5. 2의 미트볼을 다시 4에 넣고 약불에서 15분간 익힌 후 잣과 다진 파슬리를 뿌려 낸다.

알본디가스 엔 살사

갈리시아 지방식
조개 국밥
Arroz Caldoso

3~4 serves

쌀 200g
바지락 1kg(봄에는 다른
  조개도 좋다)

생선 육수 2L

흰 살 생선(대구 또는 아귀)
  뼈와 대가리 1마리분
마늘 1쪽
양파 1/2개
월계수 잎 1장
통후추 10알
올리브 오일 3큰술
물 3L

소프리토

양파 1개
풋고추 2개
다진 마늘 1큰술
올리브 오일 2큰술
소금 1/2작은술

올리브 오일 3큰술
소금, 후춧가루 약간씩
사프란 12가닥

다진 이탈리아 파슬리 2큰술

1. 생선 육수 재료 중 냄비에 올리브 오일을 두른 뒤 마늘을 저며 넣고 중불에서 볶다가 향이 나면 생선 뼈와 대가리를 넣어 겉면만 노릇하게 굽는다. 미지근한 물에 생선 뼈와 대가리, 나머지 재료를 넣고 중불에서 끓인다. 한소끔 끓기 시작하면 거품을 걷어내고 중약불에서 30분간 끓인 다음 체에 밭쳐서 건데기를 제거한다.
2. 소프리토 재료 중 양파와 풋고추는 잘게 다진다.
3. 사프란은 아주 소량의 물을 넣고 으깨면서 우려낸다.
4. 올리브 오일을 두른 팬에 2와 함께 다진 마늘을 넣고 중불에서 볶다가 소금을 넣고 약불에서 서서히 꾸덕꾸덕해질 때까지 볶는다.
5. 4에 1의 생선 육수를 붓고 한소끔 끓으면 바지락과 쌀을 넣어 섞은 후, 뚜껑을 덮고 중약불에서 10~15분 정도 끓인다.
6. 쌀이 약간 씹히는 식감이 날 정도로 익으면 소금, 후춧가루, 3의 사프란 물을 넣고 한소끔 끓인다.
7. 그릇에 담고 다진 파슬리와 올리브 오일을 뿌려 낸다.

아로스 칼도소

바스크 지방의 고추 핀초
Gilda

2~3 serves

긴디야 15개
안초비 3조각
씨 없는 그린 올리브 3개

올리브 오일 약간

1. 10cm 길이의 꼬치를 준비한다.
2. 꼬치에 안초비, 그린 올리브, 긴디야를 먹기 좋게 꽂는다.
3. 그릇에 담고 올리브 오일을 살짝 뿌려 낸다.

힐다

스페인식 오징어 구이
Calamares a la Plancha

2 serves

작은 한치 2~3마리
올리브 오일 1큰술
소금 약간

드레싱
다진 마늘 2쪽
레몬즙 1/2개분
다진 파슬리 1큰술
올리브 오일 3큰술
소금 1작은술

1. 한치는 다리를 따로 분리하지 말고 내장만 제거해 껍질을 벗긴 후 깨끗이 씻어서 물기를 잘 닦는다.
2. 볼에 드레싱 재료를 넣고 잘 섞는다.
3. 달군 팬에 올리브 오일을 두르고 1의 한치를 넣고 뒤집개로 누르면서 강불에서 노릇하게 양면을 굽는다. 소금을 뿌린다.
4. 접시에 3을 담아 2의 드레싱을 뿌려 낸다.

(NOTE)
한치 대신 오징어나 꼴뚜기를 사용해도 좋다.

칼라마레스 아 라 플란차

TAPAS 34

스페인풍 에그 인 헬
Huevos a la Flamenca

4 serves

양파 1개
마늘 3쪽
초리조 2개
파프리카 1개
주키니 1/2개
그린 빈 8개
올리브 오일 3큰술

홀토마토 1/2캔(200g)
물 1컵

소스
마스코바도 설탕 1작은술
소금 2작은술
파프리카 파우더 1작은술
후춧가루

달걀 4개

다진 파슬리 적당량

비정제 설탕인 마스코바도
설탕이 없을 경우에는 일반
설탕을 사용해도 괜찮다.

1. 양파와 마늘은 잘게 다진다. 초리조, 파프리카, 주키니는 1cm 두께로 자른다. 그린 빈은 양끝을 잘라내고 긴 것은 반으로 자른다.
2. 냄비에 올리브 오일을 넣어 달군 후 양파, 마늘부터 볶은 후 초리조와 파프리카, 주키니를 넣고 계속 볶는다.
3. 홀토마토는 손으로 으깨서 물과 섞는다.
4. 2에 3을 부은 후 뚜껑을 덮은 상태에서 5분간 중약불로 조린다.
5. 소스 재료를 섞어 4에 넣고 그린 빈을 올린 후 달걀을 깨서 올린다. 다시 뚜껑을 덮고 5분간 약불에서 계속 조린다. 오븐을 사용할 경우 200°C로 예열한 오븐에서 8~10분간 달걀이 익을 때까지 굽는다.
6. 달걀이 고루 익으면 다진 파슬리를 뿌려 냄비째 식탁에 낸다.

우에보스 아 라 플라멩카

바스크 지방식 버섯볶음
Plancha de Setas

2~3 serves

4가지 종류의 버섯(양송이, 새송이, 느타리 등) 350~400g
마늘 2쪽
올리브 오일 적당량
소금 2작은술
후춧가루 약간
달걀노른자 1개

다진 이탈리아 파슬리 약간

1. 버섯은 밑동을 떼고 먹기 좋은 크기로 찢는다.
2. 마늘은 저민다.
3. 올리브 오일을 두른 팬에 2의 마늘을 넣어 향이 날 때까지 볶은 후, 1의 버섯을 넣고 노릇해질 때까지 강불에서 볶는다. 소금, 후춧가루로 간한다.
4. 그릇에 3을 담은 후 가운데에 공간을 만들어 달걀노른자를 올리고 굵게 다진 파슬리를 뿌린다.
5. 노른자와 버섯을 잘 섞어 먹는다.

플란차 데 세타스

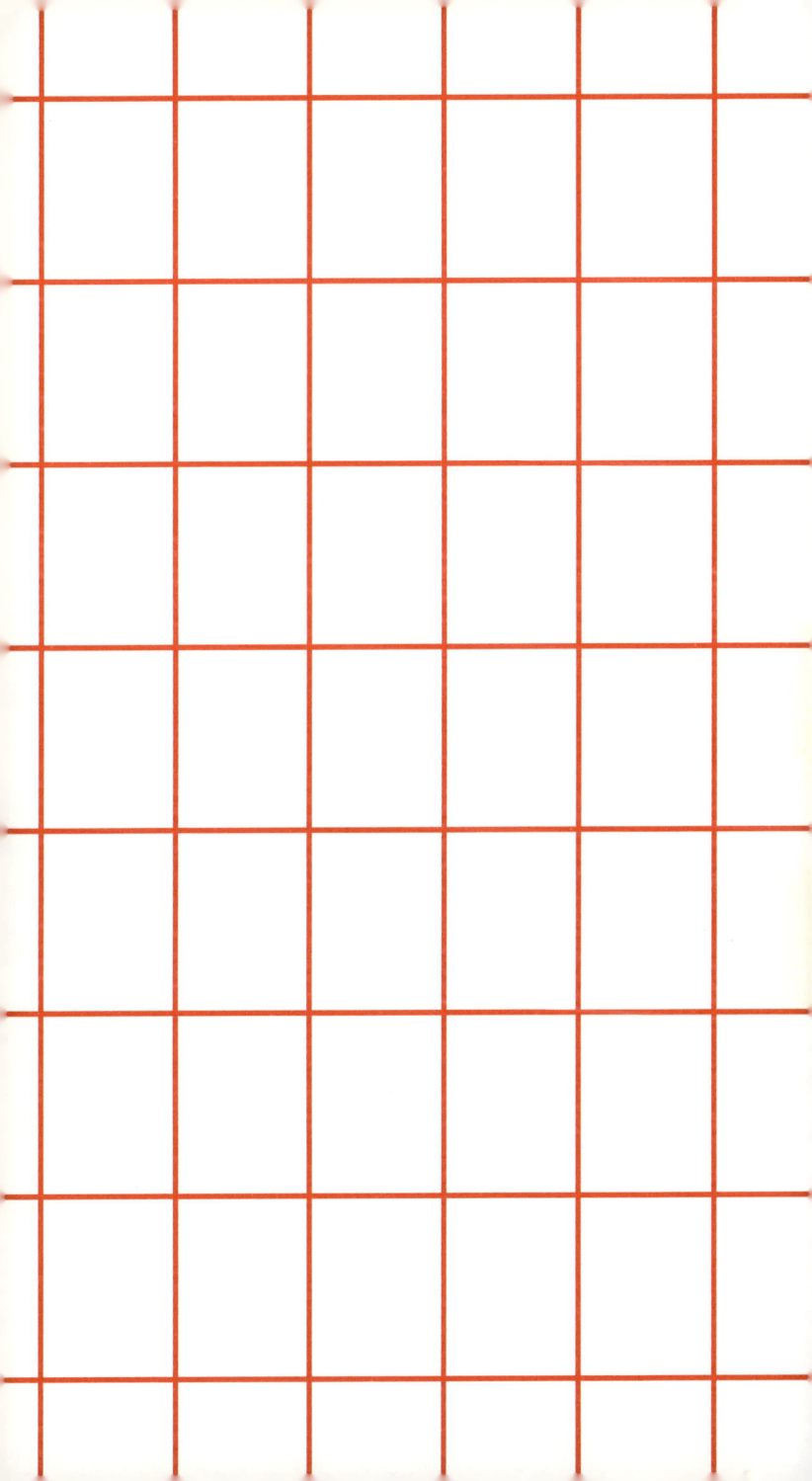

TAPAS 36

스페인 오믈렛 샌드위치
Bocadillo de Tortilla de Patatas

RECIPE
170p

스페인의 '어머니의 손맛 요리'라고도 할 수 있는 토르티야 데 파타타는 감자가 주재료인 오믈렛이다. 프라이팬의 형태 그대로 동그랗게 굽는 오믈렛이라서 도중에 딱 한 번 프라이팬 뚜껑 등을 이용해 뒤집는 과정이 있는데, 몇 번 연습하면 자신만의 가정식 토르티야를 만들 수 있다. 나도 어깨너머로 배워 직접 만들고는 했는데, 어느 날 내가 토르티야를 만드는 모습을 본 친구 사비나는 가르쳐주듯이 말했다. "이런, 감자를 삶았어? 그러면 안 돼! 이렇게 올리브 오일을 듬뿍 넣고 감자를 튀기듯이 볶는 거야."

결국 토르티야의 맛은 올리브 오일을 듬뿍 머금어 촉촉하고 달콤한 감자와 양파 그리고 굽기의 정도에 달려 있다. 특히 굽는 기술이 중요한데, 표면은 탄 자국이 보일 정도로 바삭하지만 속은 거의 반숙 상태가 되도록 해야 한다. 나도 제대로 굽기까지는 꽤 시간이 필요했다. 그리고 기본 재료인 감자와 함께 참치 통조림, 초리조, 주키니, 피망 등을 더해 각 집마다 다른 독특한 토르티야가 완성되는 것이다.

뜨거운 상태에서 케이크처럼 잘라 먹어도 맛있지만, 식은 후에 올리브 오일을 살짝 뿌린 바게트 사이에 넣어 먹는 보카디오 데 토르티야도 맛있다. 한국의 김밥 같은 존재인 보카디오는 올리브 오일과 하몽, 살라미, 치즈, 얇게 썬 토마토, 칼라마리 등 좋아하는 토핑 한 가지만 넣어 먹는 심플한 샌드위치다. 간단한 아침 식사나 간식으로 즐기는데, 빵집이나 바, 기차역의 매점, 미술관의 카페 등 곳곳에서 판매한다. 이 보카디오도 '어머니의 손맛'을 떠올리게 하는 그리운 맛이다.

보카디오 데 토르티야 데 파타타스

안달루시아식 기장 멸치 튀김
Pescaíto Frito a la Andaluza

RECIPE 171p

안달루시아의 연안 지역은 특히 새우와 생선의 맛이 좋다. 연중 따뜻하고 건조한 기후 때문인지 푹 삶거나 오래 조리하는 요리보다는 식재료를 그대로 살짝 굽는 플란차나 기름에 튀기는 조리법이 많다. 멸치 하면 주로 안초비의 재료를 떠올리지만, 안달루시아에서는 신선한 멸치에 밀가루를 묻혀서 올리브 오일에 바싹 튀겨 먹는다. 타파스 바의 인기 메뉴이기도 하다. 뜨거울 때 소금을 뿌려 먹으면 차가운 라거 맥주 안주로 특히 좋다.

페스카이토 프리토 아 라 안달루사

TAPAS 38

식초에 절인 채소와 멸치 바게트
Pincho de Excalivada y Boquerones

RECIPE
172p

스페인의 바에 가면 보케로네스를 이용한 타파스가 몇 가지 늘 진열되어 있다. 그중에 내가 제일 좋아했던 것이 식초에 절인 채소인 에스칼리바다 위에 보케로네스가 올려 있는 핀초다. 구운 채소를 화이트 와인 비니거와 올리브 오일에 절이고 생멸치나 생정어리를 역시 화이트 와인 비니거에 절인 보케로네스는 같은 산미를 즐겨 먹는 궁합이 일품이다. 산미와 산미의 조합을 굳이 좋아하지 않는다면 단맛과 산미, 육류의 담백함과 산미, 또는 크리미한 맛과 산미 등 기호에 맞게 바게트에 올리는 재료의 궁합을 생각해 보는 것도 핀초를 만드는 재미 아닐까?

핀초 데 에스칼리바다 이 보케로네스

바게트 올리브 오일 튀김
Migas

RECIPE
(173p)

스페인의 각 가정에는 주방에 코튼이나 리넨으로 만든 주머니가 걸려 있다. 보통 스페인 사람들은 매일 아침 갓 구운 크루아상을 사러 근처 빵집에 갈 때면 그날 먹을 바게트도 몇 개 사 온다.
그 바게트를 주방의 주머니에 보관해 두는데, 그날 먹다 남은
바게트는 다음 날이면 딱딱하게 굳는다. 그 굳은 바게트를
이용해서 만드는 간단한 요리가 미가스이다. 말 그대로 '빵 조각, 빵 부스러기'라는 의미의 미가스를 초리조 등 다른 재료와 함께 올리브 오일을 넉넉하게 부어 튀기듯이 볶는다. 그 위에 올리브 오일로
튀기듯이 구운 반숙 달걀프라이를 토핑으로 더해도 좋다. 특별할 것 없는 요리이지만 스페인의 가정이나 타파스 바의 인기 메뉴다.

미가스

TAPAS 40

카탈루냐 지방식
건자두 닭 요리
Pollo a la Cazuela

RECIPE
(174p)

 나의 스페인 요리 선생님인 로사 아주머니의 시그너처 요리가 바로 포요 아 라 카수엘라였다. 크리스마스의 메인 요리로 자주 등장하며, 특별한 날이나 가족이 모이는 주말 런치에서도 친숙한 카탈루냐 지방의 가정식 요리. 단것을 넣어 요리하는 것이 카탈루냐 음식의 특징 중 하나인데, 이 요리에도 말린 자두나 살구, 또는 다른 건조 과일을 넣는다. 내가 특히 좋아하는 것은 말린 자두를 넣어 조리는 로사 아주머니의 레시피. 타파스 바나 레스토랑에서는 런치타임에 코스 요리가 나오는 경우가 많은데 이 메뉴가 자주 등장한다.

포요 아 라 카수엘라

매콤한 감자튀김
Patatas Bravas

RECIPE

    스페인에서 사는 동안 스페인 사람만큼 감자와 통조림 음식을 좋아하는 민족은 없지 않을까 하는 생각이 절로 들었다. 감자를 이용한 토르티야도 그렇고, 점심의 정식 메뉴에도 반드시 감자튀김이 곁들여 나온다. 그중 하나가 파타타스 브라바스. 매운 소스를 뿌린 감자튀김이라는 의미로, 마드리드나 바르셀로나 등의 대도시에 있는 타파스 바에서는 상당히 대중적인 메뉴이다. 파타타스는 '감자', 브라바스는 '사나운, 격렬한'이라는 의미. 감자에 뿌린 소스가 매워서 이런 이름이 붙은 듯한데, 살짝 출출한 오후에 '일단' 하고 주문하는 타파스의 일종이다. 바에 따라서 브라바 소스 대신에 케첩과 타바스코를 섞은 소스를 이용하는 곳도 있는데, 직접 토마토를 조려 브라바 소스를 만드는 바는 전체적으로 음식 수준이 높다는 느낌이 든다. 여기서는 꼬치로 찍어 먹을 수 있도록 깍두기 모양으로 썰었다. 알리올리 소스를 곁들여도 맛있다.

파타타스 브라바스

TAPAS 42

안달루시아풍
돼지 앞다리 살 롤 튀김
Flamenquines Cordobéses

RECIPE
(176p)

    스페인 사람들은 튀김 음식을 아주 좋아한다. 바르셀로나에서 처음 하숙했던 집의 아저씨가 감기 기운으로 입맛을 잃었던 내게 해준 음식도 달걀 튀김이었다. "뜨거운 프라이팬에 올리브 오일을 듬뿍 넣고 달걀을 두 개 깨뜨려 넣는 거야. 봐, 이렇게 올리브 오일을 표면에 끼얹어 가면서. 스페인 사람은 소화가 안 되거나 컨디션이 나쁠 때면 늘 이렇게 먹어."

    달걀프라이가 아닌 달걀 튀김을 만드는 그 광경은 바라보는 것만으로도 속이 더 메스꺼워졌고, 결국 나는 그 달걀프라이를 입에 대지 못했던 것으로 기억한다.

    스페인 사람은 달걀프라이뿐만 아니라 프리토, 빵가루를 입힌 고기를 튀길 때도 양질의 올리브 오일을 사용한다. 올리브 오일 생산량이 세계 1위인 스페인. 특히 생산량이 많은 안달루시아 지역에서는 신선한 향기와 숙성된 단맛을 겸비한 개성적이고 질 좋은 올리브 오일이 생산된다.

    안달루시아는 스페인 중에서도 가장 오랫동안 아랍 민족의 지배를 받은 탓에 거리의 모습이나 건축, 식문화에도 영향을 미쳤는데, '무엇이든 올리브 오일로 튀기는' 아랍 민족의 취향이 반영되다 보니 다른 지역보다 튀김 요리가 많다.

    나는 튀김 요리 중에서도 코르도바의 전통 요리인 '플라멩키네스 코르도베세스'를 좋아한다. 돈가스와 거의 비슷한 음식인데 조리법은 조금 번거롭다. 파슬리 소스, 하몽, 삶은 달걀을 얇게 편 돼지고기에 말아 빵가루를 입혀 튀긴다. 겉은 바삭하고 속은 촉촉하게 튀기는 것이 핵심!

플라멩키네스 코르도베세스

레드 상그리아 & 화이트 상그리아
Sangría Tinto y Sangría Blanco

RECIPE
177p

　스페인어로 피를 의미하는 '상그레(Sangre)'라는 단어에서 유래한 상그리아는 가정에서 만들어 가볍게 즐기는 홈 칵테일. 대중적인 레스토랑이나 바의 메뉴에서도 볼 수 있는 상그리아는 보졸레 누보 등의 값싸고 신선한 맛의 와인에 제철 과일이나 레몬을 넣고 하룻밤 재운 후 얼음을 넣어 즐긴다.

　스페인에서는 술이 약한 사람은 탄산수를 섞기도 하며, 취향에 따라 코냑, 진, 보드카를 섞기도 한다. 상그리아는 붉은색의 레드 와인으로 만드는 것이 기본이지만, 화이트 와인을 좋아하는 나는 포도나 복숭아, 딸기를 듬뿍 넣은 화이트 상그리아를 자주 만든다.

상그리아 틴토 이 상그리아 블랑코

TAPAS 44

애호박 수프
Crema de Calabacín con Queso Crema

RECIPE
178p

    기온이 따뜻한 스페인에서는 가스파초, 아호 블랑코, 살모레호처럼 차갑게 먹는 수프가 많다. 한국의 애호박과 마찬가지로 유럽의 여름 식재료로는 주키니가 있다. 주키니를 양파와 같이 볶고 치킨스톡을 넣어 끓여 잘 저어준 후에 우유나 생크림 대신 부드러운 크림치즈를 섞는다. 바르셀로나의 로사 아주머니에게 배운 영양 만점의 수프. 따뜻하게 먹어도 맛있고 냉장고에 넣어 차갑게 해서 먹어도 맛있다.

크리마 데 칼라바신 콘 퀘소 크레마

아스파라거스와 하몽 스크램블드에그
Huevo Revuelto

RECIPE
179p

스페인 대도시에서는 보통 피소라고 하는 아파트나 빌라 같은 공동 주택에서 생활한다. 저녁 식사를 늦게 하는 스페인에서는 저녁 8시 무렵이 되면 중정에 면한 주방 창문이 열리고, 주방마다 달걀을 포크로 섞는 소리가 울린다. '차각차각' 하는 소리가, 마치 포크라는 악기로 달걀 교향곡을 연주하는 것처럼 들린다. 크루아상과 라테만으로 간단하게 아침 식사를 때우는 스페인 사람들은 저녁에는 달걀 요리를 먹는 경우가 많다.

레브엘토는 스페인식 스크램블드에그로, 다양한 속 재료를 넣어 만든다. 감자만큼이나 달걀을 좋아하는 스페인 사람들의 창작 요리가 아닐까 싶다. 하몽이나 참치 통조림, 제철 채소를 적절하게 조합해서 간단하게 만드는 레브엘토. 포인트는 메인이 되는 채소를 넉넉한 올리브 오일에 볶고 그 채소에서 나오는 즙으로 달걀을 몽글몽글하게 완성하는 것이다. 여기서 필요한 건 연습뿐!

우에보 레브엘토

소고기 안심 스테이크와 버섯
Fricandó con Setas

RECIPE
180p

프랑스 요리의 영향을 받아 시작됐지만, 독자적인 스페인 요리로 진화해 정착한 육류 요리가 바로 프리칸도. 육류 요리에 능통했던 로사 아주머니가 가르쳐준 프리칸도는 버섯과 아몬드 등의 견과류로 맛을 끌어내는 것이 특징이다. 카탈루냐에서는 봄 버섯인 무셰르노(Moixernó)를 사용하는 것이 일반적인데, 한국에서는 말린 표고를 응용해 만들면 된다. 와인이 아닌 코냑이나 셰리주로 감칠맛을 낸다. 그리고 레시피에 있는 피카다는 한국의 다진 양념 같은 것. 주로 아몬드를 사용하는데 취향에 따라 다른 견과류를 사용하기도 하며 마늘, 파슬리, 바게트에 올리브 오일을 아주 약간 넣고 절구에 빻는다. 지중해 요리를 상징하는 카탈루냐다운 요리법으로, '카탈루냐풍'이라는 단어가 요리 이름에 들어 있을 때는 이 피카다가 들어가는 경우가 많다. 피카다의 발상은 중세 시대로 거슬러 올라가는데, 요리의 마지막에 넣고 살짝 끓이면서 다른 재료에 스며들게 하며 농도를 걸쭉하게 만드는 효과도 있다.

프리칸도 콘 세타스

TAPAS 47

오렌지와 블랙 올리브 샐러드
Ensalada de Naranja con Aceitunas

RECIPE 181p

한국에서도 귤 등 감귤류는 겨울이 제철이듯 스페인의 오렌지도 한겨울이 제철이다. 겨울에 지중해 연안의 발렌시아 지방에 가면 오렌지와 만다린 밭이 도로를 따라 이어져 있는 풍경을 볼 수 있다. 과즙이 풍부하고 단맛이 강한 겨울 오렌지를 듬뿍 넣고, 알싸한 양파와 블랙 올리브로 간을 맞춘 후, 마지막으로 안달루시아 지방의 피쿠도, 피쿠아, 오히블랑카종의 올리브를 블렌드한 달콤하고 과일 맛이 나는 올리브 오일을 뿌린다. 심플한 샐러드도 타파스로서 와인 안주가 된다.

엔살라다 데 나랑하 콘 아세이투나스

한 입 크기 시금치 파이
Empanadillas

RECIPE
182p

엠파나디야스는 엠파나다(Empanada, 만두)에서 유래한 한 입 크기 파이를 의미하는데, 스페인의 빵집이나 바의 기본 메뉴이다. 파이 반죽에 고기 소를 채운 미트파이는 대다수의 국가에 있는 음식이지만, 엠파나디야스는 고기 소가 아닌 바칼라오나 참치 캔 등 해산물 재료를 넣는 것이 일반적이다.

역사적으로 스페인 식문화의 영향을 받은 중남미에서는 이 엠파나디야스를 노점상 등에서 일상적으로 볼 수 있고, 파티에서도 필수라고 할 수 있을 만큼 기본 중의 기본 메뉴이다. 파이 생지를 직접 반죽해서 엠파나디야스를 만들게 된 것은 요리 교실을 시작하면서부터다. 바르셀로나에 있었을 때는 배가 출출하면 바에서 가볍게 먹거나, 아침에 빵집에서 사 먹는 정도였다. 여기서 소개하는 카탈루냐식 시금치볶음을 넣은 것이 내가 가장 좋아하는 엠파나디야스다.

엠파나디야스

렌틸콩 초리조 스튜
Guiso de Lentejas con Chorizo

RECIPE 183p

바르셀로나가 아무리 따뜻한 지중해성 기후라고 해도 10월이 지나면 아침저녁으로 쌀쌀해진다. 다다미도 아니고 온돌도 아닌, 보기에는 멋진 스페인 타일의 바닥 생활은 몸속 깊은 곳까지 한기가 들게 한다. 그럴 때 하숙집의 로사 아주머니가 자주 만들어주신 것이 이 초리조와 렌틸 콩 스튜. 우리가 두부를 먹듯이 스페인 사람은 콩 요리를 자주 먹는다. 한겨울이면 건조 병아리콩이나 렌틸 콩, 봄이면 생누에콩이나 하얀 강낭콩 등이 자주 식탁에 오른다. 신기하게도 초겨울 찬 바람이 불면 나도 왠지 이 초리조 렌틸 콩 스튜가 먹고 싶어진다. 바에서는 타파스로 나오기보다는 런치타임의 정식에 등장한다.

여기서 소개하는 조리법으로 콩이나 소시지의 종류를 바꿔서 자기만의 스튜를 만들어보는 것도 좋을 듯하다.

귀소 데 렌테하스 콘 초리조

추로스와 따뜻한 초코라테
Churros con Chocolate

RECIPE
(184p)

"이번 토요일에는 파세오 데 그라시아의 바에서 아침 10시에!"
바르셀로나의 허물없는 친구들과 가끔 이렇게 약속을 한다.
평일에는 서로 바빠서 만날 수 없는 친구들과 바의 테라스에 앉아
시시콜콜한 이야기로 꽃을 피운다. 아침 시간의 바에는 셰리와 하몽을
먹는 중년 부부도 물론 있지만, 대부분의 손님은 크루아상과 카페
콘 레체(Cafe con Leche, 카페라테)를 주문한다. 아버지가 빵을
좋아해서 어렸을 때부터 우유를 넣은 커피와 크루아상으로 아침을
먹는 것에 익숙한 나도 마찬가지로 크루아상과 우유가 듬뿍 들어간
카페 콘 레체로 늦은 아침을 먹는다. 하지만 대여섯 명이 모이면
반드시 두 사람 정도는 추로스와 걸쭉한 초코라테를 주문해, 손으로
찢은 추로스를 초코라테에 찍어가며 행복한 듯 입에 넣는다. '아침부터
저렇게 달달한 초콜릿이 입에 들어갈까' 하고 늘 신기해했다.

사실 스페인에서도 추로스를 초코라테에 찍어 먹는 광경은
바나 카페에서밖에 볼 수 없는지도 모른다. 추로스 반죽은 일반적인
도넛보다 우유 양이 많아서 쉽게 뭉그러지기 때문에 집에서 만들기엔
실패할 확률이 높다. 더구나 튀김 음식을 좋아하는 스페인 사람도
문만 열고 나가면 갓 튀긴 맛있는 추로스를 먹을 수 있는데, 집 안에서
굳이 튀길 생각은 하지 않는다. 초코라테도 마찬가지. 하지만 이곳은
한국. 이 타파스 요리책을 출판하는 편집장의 간청으로 소개한,
추로스와 초코라테의 레시피를 마지막으로 타파스 메뉴를 끝내고자
한다.

추로스 콘 초코라테

RECIPES

스페인 오믈렛 샌드위치
Bocadillo de Tortilla de Patatas

4~6 serves

오믈렛

감자 6개
양파 1개
달걀 6개
참치캔 작은 것 1캔
다진 딜 1/2큰술
소금 1/2큰술
후춧가루 약간
올리브 오일 1/4컵

바게트 1개
토마토 1/2개

1. 감자는 얇게 슬라이스하고, 양파는 가늘게 채 썬다. 참치캔은 기름을 뺀다.
2. 24~26cm 크기의 팬에 올리브 오일을 달군 후 감자를 볶다가 살짝 부드러워지면 따로 담아둔다
3. 같은 팬에 양파를 볶는다. 양파가 투명해지면 2의 감자를 다시 넣고 소금으로 간한 후 같이 섞는다.
4. 볼에 달걀을 풀고 참치와 다진 딜을 넣어 소금, 후춧가루로 간한 다음 섞어서 3에 붓는다.
5. 처음에 중불로 굽다가 뚜껑을 닫고 약불에서 익힌다. 이때 가끔씩 팬을 흔들어준다.
6. 윗면의 달걀이 어느 정도 익기 시작하면 뒤집은 후 뚜껑을 열고 2분 정도 약불로 익힌다.
7. 불을 끄고 한 김 식힌 후 바게트 크기에 맞게 자른다.
8. 바게트는 가운데를 자른 후 반으로 자른 토마토 단면을 바게트 안쪽에 문지른 후 7의 오믈렛 조각을 사이에 넣는다.
9. 기호에 따라 알리올리 마요네즈나 로메스코 소스를 곁들여도 좋다.

보카디요 데 토르티야 데 파타타스

안달루시아식 기장 멸치 튀김
Pescaíto Frito a la Andaluza

4 serves

싱싱한 멸치 20마리
튀김가루 2컵
식용유 적당량
소금, 후춧가루 약간씩
알리올리 마요네즈(81p) 적당량
레몬 1개

1. 멸치는 머리와 내장을 제거해 물로 씻는다.
2. 1의 멸치를 키친타월로 닦아 물기를 없앤 후 튀김가루를 고루 묻힌다.
3. 180°C로 가열한 기름에 넣고 2~3분간 바삭 튀긴다.
4. 튀긴 후 바로 꺼내 소금과 후춧가루를 뿌린다.
5. 알리올리 마요네즈를 곁들여 기호에 따라 레몬과 함께 그릇에 담는다.

페스카이토 프리토 아 라 안달루사

식초에 절인 채소와 멸치 바게트
Pincho de Excalivada y Boquerones

4 makes

바게트 4조각
보케로네스 4쪽(127p)
에스칼리바다(125p)
아보카도 1/2개

올리브 오일 약간
발사믹 비니거 약간

1. 바게트는 토스터에 겉면이 바삭해지도록 굽는다.
2. 식초에 절인 채소인 에스칼리바다를 먹기 좋게 찢어서 1 위에 올린다.
3. 아보카도는 5mm 두께로 썰어 2 위에 올리고 식초에 절인 멸치인 보케로네스를 적당량 얹는다.
4. 그릇에 담고 올리브 오일과 발사믹 비니거를 뿌려 낸다.

핀초 데 에스칼리바다 이 보케로네스

바게트 올리브 오일 튀김
Migas

2 serves

미가스용 캉파뉴(또는 바게트) 150g
초리조 1개
방울토마토 10개
저민 마늘 1/2쪽
올리브 오일 2큰술
소금 약간

굵게 다진 호두 1큰술
다진 이탈리아 파슬리 약간

1. 미가스용 빵은 1.5~2cm 크기의 큐브 모양으로 자른다.
2. 초리조는 1cm 폭으로 자르고, 방울토마토는 가로로 반 자른다.
3. 올리브 오일을 둘러 달군 팬에 저민 마늘을 넣고 향이 날 때까지 볶다가 건져낸다.
4. 3에 미가스용 빵과 초리조를 넣고 강불에서 2~3분간 볶다가 소금으로 간한다.
5. 4에 방울토마토를 섞어 그릇에 담은 후 다진 파슬리, 굵게 다진 호두를 뿌려 낸다.

미가스

카탈루냐 지방식
건자두 닭 요리
Pollo a la Cazuela

4 serves

볶음용 닭 1팩(800g~1kg)
양파 2개
마늘 3쪽
건자두 1컵
코냑 3큰술 또는 드라이
  화이트 와인 1/2컵
소금 1큰술
후춧가루 약간
올리브 오일 3큰술
바게트 적당량

1. 팬에 올리브 오일을 두르고 닭을 넣은 후 중불에서 익힌다. 껍질부터 익히다가 뒤집으면서 고르게 갈색이 나도록 구운 후 그릇에 옮겨둔다.
2. 양파는 가늘게 채 썰고 마늘은 잘게 다진다.
3. 닭을 꺼낸 팬에 양파를 넣고 부드러워질 때까지 볶는다.
4. 1의 닭고기를 3의 팬에 다시 넣고 코냑을 부은 후 소금, 후춧가루로 간한다. 양파와 닭고기가 잘 어우러지게 섞은 후 뚜껑을 덮고 10분 정도 약중불에서 익힌다.
5. 뚜껑을 열고 건자두를 넣어 5분간 더 조린다.
6. 소금 간을 추가하고 강불에서 수분이 줄어들 때까지 살짝 조린다.
7. 그릇에 담고 바게트 조각을 곁들여 낸다.

포요 아 라 카수엘라

매콤한 감자튀김
Patatas Bravas

4 serves

감자 4개
소금, 후춧가루 약간씩
올리브 오일 적당량

<u>브라바 소스</u>
양파 1/2개
마늘 2쪽
페퍼론치노 2~3개
올리브 오일 1큰술
파프리카 파우더 3작은술
홀토마토 1개
월계수 잎 1장
소금 약간

다진 이탈리아 파슬리 1큰술

1. 감자는 껍질을 벗겨 사방 3cm 크기로 자른 후 소금, 후춧가루, 올리브 오일로 버무린다. 오븐 플레이트에 베이킹 시트를 깔고 200°C로 예열한 오븐에서 15분 정도 굽는다.
2. 브라바 소스 재료 중 양파와 마늘은 잘게 다진다.
3. 올리브 오일을 둘러 달군 팬에 페퍼론치노와 양파, 마늘을 넣고 갈색이 될 때까지 중불에서 볶은 후 파프리카 파우더를 섞는다.
4. 페퍼론치노는 건져내고 홀토마토와 월계수 잎을 넣고 중불에서 토마토가 흐물흐물해질 때까지 조린 후 소금 간한다. 불을 끈 다음에 약간 식혀서 믹서로 간다.
5. 4를 볼에 담고 1의 감자를 넣어 버무린다. 그릇에 담아 다진 파슬리를 뿌린다.

파타타스 브라바스

안달루시아풍
돼지 앞다리 살 롤 튀김
Flamenquines Cordobéses

5 makes

불고기용 돼지 앞다리 살 600g
소금, 후춧가루 약간씩
하몽 세라노 5장
삶은 달걀 3개

파슬리 피카다
이탈리아 파슬리 잎 2컵
다진 마늘 1큰술
소금 약간
올리브 오일 80ml

튀김옷
밀가루 1컵
달걀 2~3개
빵가루 2~3컵
식용유 적당량

디종 머스터드소스

스페인에서는 흔히 롤 튀김에
감자튀김을 곁들여 낸다.

1. 믹서에 파슬리 피카다 재료를 넣고 올리브 오일을 조금씩 부어가며 간다.
2. 삶은 달걀은 세로 5mm 두께로 자른다.
3. 돼지 앞다리 살은 2~3mm 두께로 자른 뒤 랩 위에 직사각형 형태로 펼친다.
4. 3에 1의 파슬리 피카다를 골고루 발라주고 하몽을 펼쳐 올린다.
5. 4의 하몽 위에 2의 달걀을 일렬로 올리고 랩으로 모양을 잡아가며 돌돌 말다.
6. 랩을 벗기고 2~3등분해 밀가루, 달걀, 빵가루 순으로 튀김옷을 입혀 180°C로 가열한 기름에 바삭하게 튀긴다.
7. 접시에 담고 기호에 따라 디종 머스터드소스를 곁들인다.

플라멩키네스 코르도베세스

레드 상그리아 & 화이트 상그리아
Sangría Tinto y Sangría Blanco

1L makes

레드 와인(메를롯 또는
  카버네 소비뇽) 1병
코앵트로 코냑 30ml
진 50ml

오렌지 1개
사과 1개
오렌지즙(또는 주스) 1/2컵
레몬 껍질 1/2개분
시나몬 스틱 1개
사이다 350ml
얼음 적당량

1. 오렌지는 껍질을 까서 과육만 동그랗게 슬라이스한다. 사과는 껍질째 작은 큐브 모양으로 자른다.
2. 피처에 레드 와인과 코냑, 진을 붓고 1의 오렌지와 사과를 넣는다.
3. 2에 오렌지즙, 레몬 껍질, 시나몬 스틱을 넣어 4시간 정도 냉장실에서 재운다.
4. 마시기 직전에 얼음, 사이다를 넣고 잘 섞은 뒤 잔에 따라 마신다.

1L makes

아주 차갑게 해둔 화이트 와인
  카바 1병
바닐라 향 리큐어 30ml
진 50ml
맑은 포도 주스 1/2컵

딸기와 블루베리 1컵
샤인 머스캣 15알
레몬 껍질 1/2개분
민트 잎 10g
얼음 적당량

1. 딸기는 세로로 4등분, 샤인 머스캣은 세로로 반을 자른다.
2. 피처에 얼음과 1과 블루베리를 넣고 화이트 와인을 천천히 붓는다.
3. 2에 리큐어와 진, 포도 주스를 부어 잘 섞은 후 레몬 껍질, 민트 잎을 넣는다.

상그리아 틴토 이 상그리아 블랑코

애호박 수프
Crema de Calabacín con Queso Crema

4 serves

애호박 1개(또는 주키니 2/3개)
양파 1/2개
마늘 1쪽
올리브 오일 2큰술
소금 약간
크림치즈 200g
소금, 후춧가루 약간씩

<u>닭 육수 1L</u>
볶음용 닭 1kg
양파 1개
마늘 6쪽
셀러리 1줄기
고수 뿌리 2~3개
물 5L
소금 적당량

파르미자노 치즈 적당량
올리브 오일 약간
다진 이탈리아 파슬리 2큰술

1. 닭 육수 재료 중 볶음용 닭은 잘 씻어서 끓는 물에 넣고 살짝 데친다. 양파와 마늘, 셀러리, 고수 뿌리는 한 입 크기로 자른다.
2. 큰 냄비에 1의 닭과 향신 재료를 넣고 물을 부어 강불에서 끓인다. 한소끔 끓기 시작하면 거품을 걷어내고 2시간 정도 약중불에서 뭉근히 끓인다. 체에 밭쳐 국물만 따른 뒤 소금으로 간해 놓는다.
3. 애호박은 세로로 반을 잘라 반달 모양으로 얇게 썬다. 양파, 마늘은 잘게 다진다.
4. 냄비를 달군 다음 올리브 오일을 두르고 양파와 마늘을 넣어 중불에서 볶는다. 양파가 투명해지면 애호박을 넣고 소금으로 간하여 5분간 볶는다.
5. 4에 2의 닭 육수를 붓고 10분간 중불에서 끓인다. 애호박이 완전히 익으면 크림치즈를 넣고 섞는다.
6. 불을 끄고 핸드 블렌더로 갈아 퓌레 상태로 만든 후 소금과 후춧가루로 간한다.
7. 수프 그릇에 담고 파르미자노 치즈, 올리브 오일, 다진 파슬리를 뿌려 낸다.

크리마 데 칼라바신 콘 퀘소 크레마

아스파라거스와
하몽 스크램블드에그
Huevo Revuelto

1~2 serves

연한 아스파라거스 6개
하몽 1장

올리브 파우더 1작은술
블랙 올리브 200g

달걀물
달걀 2개
생크림 2큰술
소금 1작은술

올리브 오일 4큰술
딜 1줄기

1. 블랙 올리브는 반으로 잘라 150°C로 예열한 오븐에 넣고 1시간 정도 구운 후 분쇄기에 넣고 가루로 갈아 올리브 파우더를 만든다.
2. 아스파라거스는 4cm 길이로 자른다. 달걀물 재료는 잘 저어 섞어둔다.
3. 하몽은 3cm 길이로 가늘게 채 썬다.
4. 팬에 올리브 오일 2큰술을 넣어 달군 다음 중불에서 아스파라거스를 볶아 접시에 담아둔다.
5. 같은 팬에 올리브 오일 2큰술을 두르고 강불에 달군 다음 중불로 줄여 달걀물을 붓는다. 아래쪽이 살짝 익어가면 불을 끄고 나무 주걱으로 저으면서 잔열로 익힌다.
6. 바로 그릇에 담고 3의 하몽을 얹고, 1의 올리브 파우더와 딜 잎을 뿌려 낸다.

우에보 레브엘토

소고기 안심 스테이크와 버섯
Fricandó con Setas

2 serves

소고기 안심(두께 1cm)
　4장(약 250g)
소금 1작은술
후춧가루 약간
밀가루 1/3컵
올리브 오일 3큰술

양파 1/2개
마늘 3쪽
올리브 오일 3큰술

말린 표고버섯 10g
말린 표고버섯을 불린 물
　(또는 닭 육수) 3/4컵

피카다
바게트 1조각
볶은 아몬드 3큰술
이탈리아 파슬리 1큰술
소금 1작은술
셰리주(또는 위스키) 1/4컵
마스코바도 설탕 1작은술
소금, 후춧가루 약간씩

다진 이탈리아 파슬리
　1/2큰술

1. 양파, 마늘은 잘게 다져서 달군 냄비에 넣고 올리브 오일을 두르고 볶다가 약간 갈색으로 변하면 불을 끈다.
2. 말린 표고버섯은 미리 미지근한 물에 담가 불린 후 물기를 짜고 굵게 다진다. 불린 표고 물은 따로 둔다.
3. 1cm 두께로 썬 소고기에 소금, 후춧가루로 간한 후 밀가루를 묻힌다.
4. 팬에 올리브 오일을 넣고 달군 다음 3의 소고기를 넣고 강불에서 겉면을 노릇하게 굽는다.
5. 1의 냄비에 고기를 옮겨 담고 2의 표고 물을 부은 다음 중불에서 5분 정도 끓이다가 표고버섯을 넣는다. 약불에서 5분간 더 익힌다.
6. 피카다 재료 중 바게트는 4의 팬에 올리브 오일을 조금 더해서 노릇하게 구워 절구에 넣고 으깬다. 나머지 재료는 칼로 어느 정도 다진 후 절구에 한꺼번에 넣고 으깬다. 여기에 소금을 조금씩 넣고 섞는다.
7. 피카다를 5의 냄비에 넣고 5분 정도 더 끓인다. 그릇에 담고 다진 파슬리를 뿌려 낸다.

프리칸도 콘 세타스

오렌지와 블랙 올리브 샐러드
Ensalada de Naranja con Aceitunas

4 serves

오렌지 4개
적양파 1/2개
블랙 올리브 15개
아몬드 2큰술
건포도 3큰술

드레싱

레드 와인 비니거 2큰술
소금, 후춧가루 약간씩
올리브 오일 4큰술

민트 잎 약간

1. 오렌지는 양 끝을 잘라내고 껍질과 과육을 분리한 후 1cm 두께의 원형으로 자른다. 이때 나오는 과즙은 다른 그릇에 모아둔다.
2. 적양파는 얇게 슬라이스하고 찬물에 5분 정도 담가 매운맛을 뺀 뒤 물기를 제거한다.
3. 블랙 올리브는 가로로 4등분한다. 아몬드는 굵게 다진다.
4. 볼에 드레싱 재료와 1의 오렌지즙을 넣고 잘 섞는다.
5. 4에 오렌지, 적양파, 올리브, 아몬드, 건포도를 넣고 버무린 후 1~2시간 정도 냉장고에서 재운다.
6. 그릇에 담고 민트 잎을 올려 낸다.

엔살라다 데 나랑하 콘 아세이투나스

한 입 크기 시금치 파이
Empanadillas

10 makes

파이 반죽

중력분 250g
가염 버터 145g
찬물 2~3큰술
달걀노른자 1개

파이 속 재료

시금치 1단(450g)
안초비 3조각
마늘 2쪽
잣 1/3컵
건포도 2큰술
올리브 오일 적당량
소금, 후춧가루 약간씩

달걀 2개

1. 푸드 프로세서에 중력분과 버터를 넣어 빵가루 상태가 될 때까지 간다. 달걀노른자와 물을 더한 뒤 다시 돌려 반죽이 한 덩어리가 되면 꺼낸다.
2. 반죽을 10등분한 후 롤러로 밀어 두께 6mm의 사각형으로 만든 후 랩으로 싸 냉장고에 30분 정도 둔다.
3. 파이 속 재료 중 안초비, 마늘, 잣은 잘게 다진다. 시금치는 3cm 길이로 자른다.
4. 건포도는 미지근한 물에 10분 정도 담가 불린다.
5. 올리브 오일을 달군 팬에 안초비와 마늘을 볶다가 시금치를 넣고 약한 중불에서 뚜껑을 덮고 2분간 찐 다음 바로 뚜껑을 열고 불을 강하게 올려 수분을 날린다.
6. 소금, 후춧가루로 간한 뒤 계속 볶다가 마지막에 건포도와 잣을 넣고 섞는다.
7. 2의 파이 반죽은 직경 8cm 크기의 만두피처럼 빚어 가운데에 6의 속 재료를 올리고 감싼다. 테두리 부분을 포크로 누르고 볼에 달걀을 푼 뒤 달걀물을 겉면에 바른다.
8. 190℃로 예열한 오븐에서 15~20분간 굽는다.

엠파나디야스

렌틸콩 초리조 스튜
Guiso de Lentejas con Chorizo

4 serves

렌틸콩 100g
생초리조 소시지 2개
양파 1/2개
당근 1/2개
마늘 3쪽
월계수 잎 1장
큐민 파우더 약간
닭 육수(178p) 1컵

소금 2작은술
올리브 오일 적당량

1. 렌틸콩은 물에 2~3시간 담가 불린다.
2. 초리조 소시지는 2cm 길이로 자른다. 양파와 당근은 사방 7mm 크기로 썰고 마늘은 잘게 다진다.
3. 팬에 올리브 오일을 달군 다음, 다진 마늘과 초리조를 넣고 중불에서 볶는다. 향이 나기 시작하면 마늘과 초리조는 건져내고 같은 팬에 다진 양파와 당근을 넣고 계속 중불에 볶는다.
4. 양파가 부드러워지면 렌틸콩을 넣고 볶으면서 소금으로 간한다.
5. 월계수 잎과 큐민 파우더을 더하고 닭 육수, 3의 초리조와 마늘을 넣어 약불로 15분 정도 끓인다.

귀소 데 렌타하스 콘 초리조

추로스와 따뜻한 초코라테
Churros con Chocolate

추로스
4 serves

밀가루 박력분 350g
소금 1/2 작은술
베이킹파우더 2작은술(3g)
달걀 1개
우유 2컵
바닐라 오일 약간

1~2cm 구멍의 짜주머니
종이 포일(15x4cm) 5장

튀김 오일 적당량

시나몬 파우더 약간
슈거 파우더 약간

1. 밀가루는 체에 한 번 내린 뒤 소금과 함께 볼에 넣고 중앙 부분을 비워둔다.
2. 다른 볼에 달걀을 풀고 우유 1 1/4컵을 넣어 섞은 뒤 1의 밀가루 가운데에 붓고 천천히 섞는다.
3. 나머지 우유와 바닐라 오일을 넣으며 잘 섞는다. 반죽이 점점 크림 상태로 되면 짜주머니에 담아 종이 포일 위에 추러스 모양으로 짠다.
4. 170°C로 가열한 기름에 4를 종이 포일째 넣고 190°C까지 올려주면서 6분 정도 튀긴다. 붙어 있던 종이 포일이 떨어지면 건져낸다.
5. 잘 튀겨진 추로스를 건져 기름기를 빼고 시나몬 파우더와 슈거 파우더를 뿌린다.

초코라테
2~4 serves

다크 초콜릿 150g
생크림 1/4컵
우유 1/4컵

1. 초콜릿은 잘게 다진다.
2. 냄비에 생크림과 우유를 넣고 약불로 끓이다가 기포가 생기면 1의 초콜릿을 넣고 천천히 저으면서 녹인다.
3. 2를 믹서에 넣고 걸쭉해질 때까지 간다.
4. 추로스와 함께 디핑소스로 초코라테를 함께 낸다.

추로스 콘 초코라테

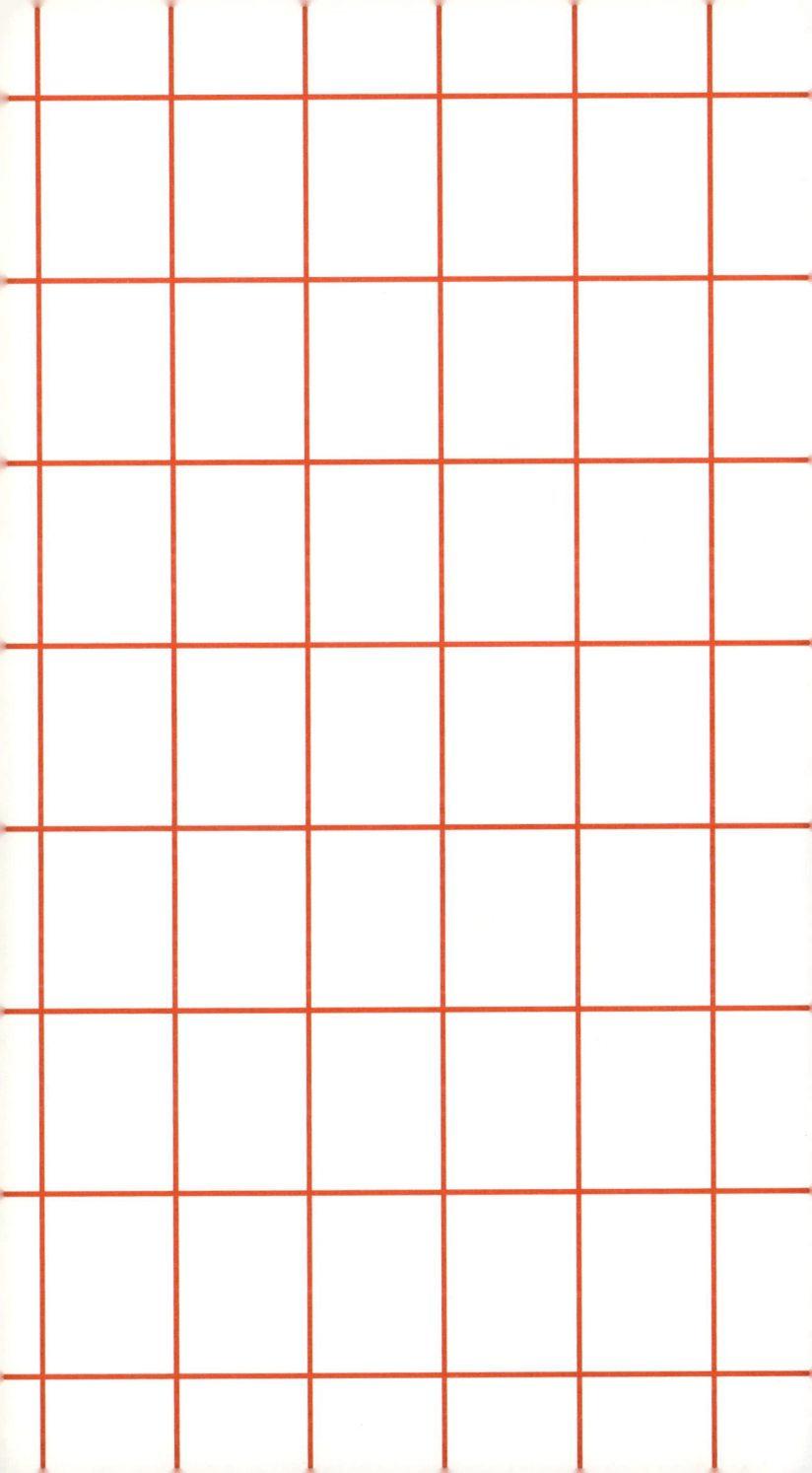

SPANISH INGREDIENTS

산 시몬 다 코스타 치즈
Queso San Simon da Costa DOP

스페인 갈리시아 지방에서 생산되는 DOP 치즈. 물방울 모양이라서 현지에서는 '뾰족한 젖가슴'이라고도 불리는 개성적인 치즈이다. 우유로 만들며 훈연 과정을 거쳐 45일간 숙성시키는 반경성 타입이라서 자극적이지 않고 고소한 향과 캐러멜 같은 풍미가 느껴져 먹기 편하다. 레드 와인이나 흑맥주, 위스키의 안주로 적당하다.

*DOP(Denominazione di Origine Protetta): 원산지 보호 제품

SPANISH INGREDIENTS

오징어 먹물
Tinta de Sepia

오징어 먹물 파스타나 파에야를 먹으면서 입을 벌리고 웃다가는 먹물로 까매진 앞니가 보일 수 있어 상당히 신경이 쓰이는 식재료이기도 하다. 하지만 파스타나 쌀, 빵 등의 탄수화물과 섞었을 때의 그 고소함은 다시 찾을 수밖에 없는 맛이다. 오징어 먹물에는 타우린, 뮤코 다당류, 멜라닌, 비타민 E가 함유되어 있다. 이 오징어 먹물에 토마토와 소금, 와인 등을 넣고 조려 소스처럼 만든 상품이 판매되고 있는데, 시판 오징어 먹물은 대부분 조미된 상태이므로 파에야를 만들 때는 너무 짜지지 않도록 주의해야 한다. 백화점 식품 매장의 수입품 코너나 인터넷 쇼핑몰에서 손쉽게 구할 수 있다.

SPANISH INGREDIENTS

파프리카 가루
Pimentón

스페인 가정에서는 조미료로 올리브 오일, 소금, 파프리카 가루만 갖추고 있는 곳도 드물지 않다. 그만큼 파프리카 가루가 스페인 가정 요리에서는 필수 조미료인 것이다. 사실 스페인의 파프리카 가루는 피멘톤이라고 부른다. 스페인에서도 남부 지방 제품이 유명한데 이는 훈연 건조한다는 점이 특징으로 이로 인해 독특한 스모크 향과 선명한 빛깔이 유지된다. 구입 시에는 'Pimentón de la Vera'라고 표기된 파프리카 가루를 추천한다. 참고로 단맛, 중간 맛, 매운맛이 있는데, 스페인 요리에 가장 필요한 건 단맛 타입. 단맛이라고 해도 설탕 같은 단맛은 아니며, 독특한 향기와 단맛이 있어서 다양한 스튜 요리나 소스에 악센트를 준다.

SPANISH INGREDIENTS

사프란
Azafran

세계에서 가장 비싼 향신료 중 하나인 사프란. 꽃 한 송이에서 향신료로 사용되는 부분은 세 개밖에 없는 암술이며 그 암술 하나하나를 손으로 직접 채취하다 보니 비싼 가격도 수긍이 간다. 그리고 세 개로 보이는 암술도 사실은 하나의 암술이 세 갈래로 갈라진 것이다. 보통 1kg의 사프란을 채취하기 위해서는 약 17만 송이의 꽃에서 50만 개의 암술이 필요하다고 한다. 색소의 주성분인 크로신은 수용성이라서 물에 녹여 천연 착색제로 사용하거나, 스튜 요리 등에 직접 넣어 음식의 빛깔을 아름답게 만든다. 특히 쌀과 어패류, 유제품과 잘 어울려서 리소토나 파에야, 부야베스 등의 요리에 사용된다. 스페인산은 특히 라만차에서 생산된 것이 유명하다. 이란이나 터키, 이스라엘, 인도의 사프란도 향기와 색상에 다소 차이가 있지만, 스페인산을 구하기 힘들 때는 저렴한 가격에 사용할 만하다.

SPANISH INGREDIENTS

만체고 치즈
Queso Manchego

스페인 각지에서 개성적인 치즈가 생산되고 있는데, 가장 유명한 스페인 치즈는 역시 퀘소 만체고이다. 만체고 치즈는 이베리아 반도 중앙의 라만차 평원에서 만들어진다. 라만차는 스페인을 무대로 한 연극 <돈키호테>에도 등장하는데, '물이 없는 토지'라는 뜻이다. 이름 그대로 보통은 건조한 토양이지만 봄이 되면 목초가 무성하게 자라서 방목에 적합한 땅이 된다. 이곳에서 자란 양의 젖으로 만드는 치즈가 만체고이다. 봄에 짠 양젖으로 치즈를 만들고 여름 동안 숙성시킨 후 가을에 출하하는 만체고 치즈가 가장 맛있다고 한다.

양젖으로 만든 치즈 특유의 단맛과 희미하게 감도는 알싸함이 느껴지는 것이 특징이고, 향기는 무척 복잡한데, 견과류 향과 우유 같은 달콤한 향 그리고 건초 향이 감동적이다. 만체고 치즈는 딱딱한 치즈라서 얇게 썰어 그대로 먹는 것을 추천한다. 스페인산 펨프라니요 레드 와인과의 궁합이 최고!

SPANISH INGREDIENTS

NOTE

하몽 이베리코를 제조하는 지역은 다음의 네 곳에 집중되어 있다.
D. O. Guijuelo (원산지명: 기후엘로)
D. O. Dehesa de Extremadura (원산지명: 데헤사 데 엑스트레마두라)
D. O. Jabugo (원산지명: 하부고)
D. O. Los Pedroches (원산지명: 로스 페드로체스)

하몽 이베리코

Jamón Iberico

마드리드나 바르셀로나의 규모가 큰 바에 가면 카운터 천장에 하몽 이베리코 덩어리가 여러 개 걸려 있는 모습을 볼 수 있다. 처음 그 광경을 목격했을 때는 고깃덩이에서 풍겨 오는, 가죽을 가공한 듯한 뭐라 표현할 수 없는 냄새와 돼지 뒷다리의 형태에 '먹어보고 싶다'라는 생각은 조금도 들지 않았다. 그런데 스페인에서 몇 년을 생활하면서 날마다 그 모습을 보고 한 점씩 잘라 주는 고기를 먹다 보니 점점 좋아하게 되었다. 지금은 무척이나 좋아하는 음식 중 하나. 하몽 이베리코의 원료가 되는 돼지고기는 이베리코 돼지라고 불린다. 특별한 사육법으로 키우는데, 가장 큰 특징은 무엇보다 방목. 자연 속을 자유롭게 돌아다니며 올레산을 풍부하게 함유한 도토리와 향기로운 풀뿌리를 먹고 자라는 이베리코 돼지는 10월에서 3월까지의 약 반년 동안에 체중이 90kg이나 늘어난다. 이렇게 키운 이베리코 돼지는 다른 돼지에는 없는 다양한 성분이 함유되어 있는데, 올레산은 물론이고 비타민 B군, 비타민 E, 항산화 물질이 풍부하다. 가격과 품질은 도토리 섭취량에 비례하는데, 그 섭취량에 따라 베요타와 세보 데 캄포로 등급이 나뉘며 도토리를 섭취하지 않은 돼지는 세보로 분류된다. 사진의 하몽 이베리코는 베요타 조각.

SPANISH INGREDIENTS

> NOTE
>
> 하몽 세라노를 제조하는 지역은 주로 다음의 두 곳에 집중되어 있다.
> D. O. Jamon de Teruel (원산지명: 하몽 데 테루엘)
> D. E. Jamon de Trevelez (특선 원산지명: 하몽 데 트레베레스)

하몽 세라노
Jamón Serrano

스페인은 세계 1위의 생햄 생산국으로 연간 4,500만 개를 생산하는데, 그 90%가 하몽 세라노이다. 하몽 세라노는 스페인산 흰 돼지의 다리를 뼈째 잘라 염장해서 2년 이상 숙성시킨 것으로, 하몽은 '햄', 세라노는 '산'이라는 뜻. 생산지는 표고 500m 이상인 곳이 많은데, 스페인 국토의 대부분이 비교적 표고가 높은 지대에 형성되어 있어서 일교차가 크고, 한여름에도 밤이면 차갑고 건조한 바람이 부는 지형이라는 점도 크게 영향을 미쳤다고 한다. 하몽 세라노는 하몽 이베리코보다 지방이 살짝 적고, 촉촉하고 부드러운 식감과 과하지 않은 짠맛이 특징이다. 와인 안주로도 좋지만, 스페인 가정에서는 감칠맛을 내기 위한 식재료로 자주 사용한다.

SPANISH INGREDIENTS

초리조와 살치촌
Chorizo & Salchichon

스페인은 하몽뿐만 아니라 다양한 육류 가공품이 있다. 대도시의 큰 시장에 가면 하몽 전문점 외에도 치즈와 그 외의 육류 가공품을 판매하는 가게가 눈에 띈다. 하몽 전문점과 마찬가지로 가게 천장에 매달려 있는 소시지의 다양함에 놀라울 뿐이다. 바르셀로나에 살기 시작했을 무렵에는 그 다양한 소시지 중 어떤 것을 사야 할지 몰라서 서투른 스페인어로 메모해 가며 하나하나 사서는 '학습'을 했었다.

소시지도 꽤 다양한 종류가 있지만, 그중에서도 세계적으로 유명한 초리조와 살치촌은 나도 좋아하는 소시지이다. 초리조는 돼지고기를 파프리카 가루와 마늘, 그 밖의 향신료로 양념한 뒤 돼지 창자에 넣어 2~3개월 숙성시킨 것. 지역에 따라 다양한 종류가 있다. 그리고 살치촌은 스페인판 살라미. 돼지고기를 오레가노와 흑후추, 마늘로 양념한 후 돼지 창자에 넣어 2~3개월 숙성시킨 것이다. 사진의 제품은 이베리코 베요타 돼지고기를 사용한 것이다.

SPANISH INGREDIENTS

긴디야
Guindilla

풋고추 초절임. 스페인의 나바라 지방 특산품인 풋고추는 한국의 청양고추와 달리 맵지 않고 고추장보다 순한 맛이다. 스페인에서는 올리브나 안초비 사이에 꽂아 핀초로 즐기거나 생햄에 말아 와인이나 맥주 안주로 자주 이용한다. 또한 피클처럼 육류 요리에 곁들여 먹어도 맛있다.

SPANISH INGREDIENTS

셰리 와인
Vino de Jerez

스페인 요리, 특히 고기 요리에는 없으면 안 되는 재료 중 하나. 셰리 와인은 안달루시아주 남서지역인 헤레스에서 생산되는 주정강화 와인의 일종으로, 알코올 도수는 15%-22% 정도. 기원전 1100년 무렵에 페니키아 민족이 헤레스에 포도나무를 가져왔다고 하며, 헤레스의 와인 역사는 3천 년 이전으로 거슬러 올라간다. 콜럼버스나 마젤란 등의 개척자들이 특히 좋아했고, 셰익스피어도 많은 작품에서 셰리에 대해 언급했다. 특히 알렉산더 플레밍은 환자에게는 최고의 치료 약이라고 말했을 정도이다.

원래 셰리(Sherry)는 영어명이며, 스페인어로는 비노 데 헤레스(Vino de Jerez). 셰리는 주로 팔로 미노라는 백포도 품종으로 만드는데, 페드로 히메네스, 모스카텔 같은 품종도 사용한다. 단, 이들 품종을 섞지 않고 단일 품종으로만 셰리 와인을 만든다.

SPANISH INGREDIENTS

셰리 와인 비니거
Vinagre de Jerez

셰리 와인은 화이트 와인 품종으로 만드는 주정 강화 와인. 헤레스 지역의 특산품이다. 이 셰리 와인으로 만든 식초가 셰리 와인 비니거. 6개월에서 2년 동안 오크통에 숙성시키기 때문에 셰리 와인 특유의 풍부한 향기를 즐길 수 있다. 셰리 와인과 같은 방식인 크리아데라(Criadera)와 솔레라 시스템으로 장기간 저장한다. 크리아데라와 솔레라 시스템은 오크통을 여러 단으로 쌓고 가장 아랫단부터 셰리 와인 비니거를 추출해 병입하고, 추출한 양만큼 그 위의 통에서 보충하는 시스템. 새로운 셰리는 위에서 아래로 내려가면서 오래된 셰리와 섞여 오래된 셰리의 풍미가 배이게 된다. 이 저장 기간에 짙은 마호가니색으로 변하며, 나무와 커피 등의 향기로운 풍미가 생긴다. 주로 드레싱이나 소스, 피클용 식초로 사용되는데, 일반적인 와인 비니거보다 풍미가 강하다.

SPANISH INGREDIENTS

올리브 오일
Aceite de Oliva

스페인 요리에서 가장 기본이 되는 조미료는 올리브 오일이라고 할 수 있다. 한국 요리로 치면 간장, 된장, 고추장과 같은 존재이다. 올리브 오일이 없으면 다른 지중해 지역의 요리도 그렇지만 스페인 요리 고유의 맛을 내기가 어렵다. 양질의 올리브 오일은 상큼한 향과 부드러운 풍미로 모든 요리를 한 단계 업그레이드해 준다. 영양가도 높고 다른 기름보다 안정적인 가열점을 가지고 있어 튀김이나 높은 온도의 볶음 요리에도 최적화되어 있다. 적당한 가격의 올리브 오일은 요리에 양껏 사용하면 되고 가격이 좀 높지만 산도나 풍미가 우수한 양질의 신선한 올리브 오일은 기호에 맞춰 드레싱으로 사용할 수 있다. 이처럼 식재료나 조리법에 따라 다르게 쓰는 것이 올리브 오일을 사용하는 능숙한 방법이다. 올리브 오일을 선택하는 기준은 결국 사용자의 오감이 결정한다. 한 가지 알아야 할 점은 올리브 오일은 재료의 단맛과 감칠맛을 끌어낸다는 것.

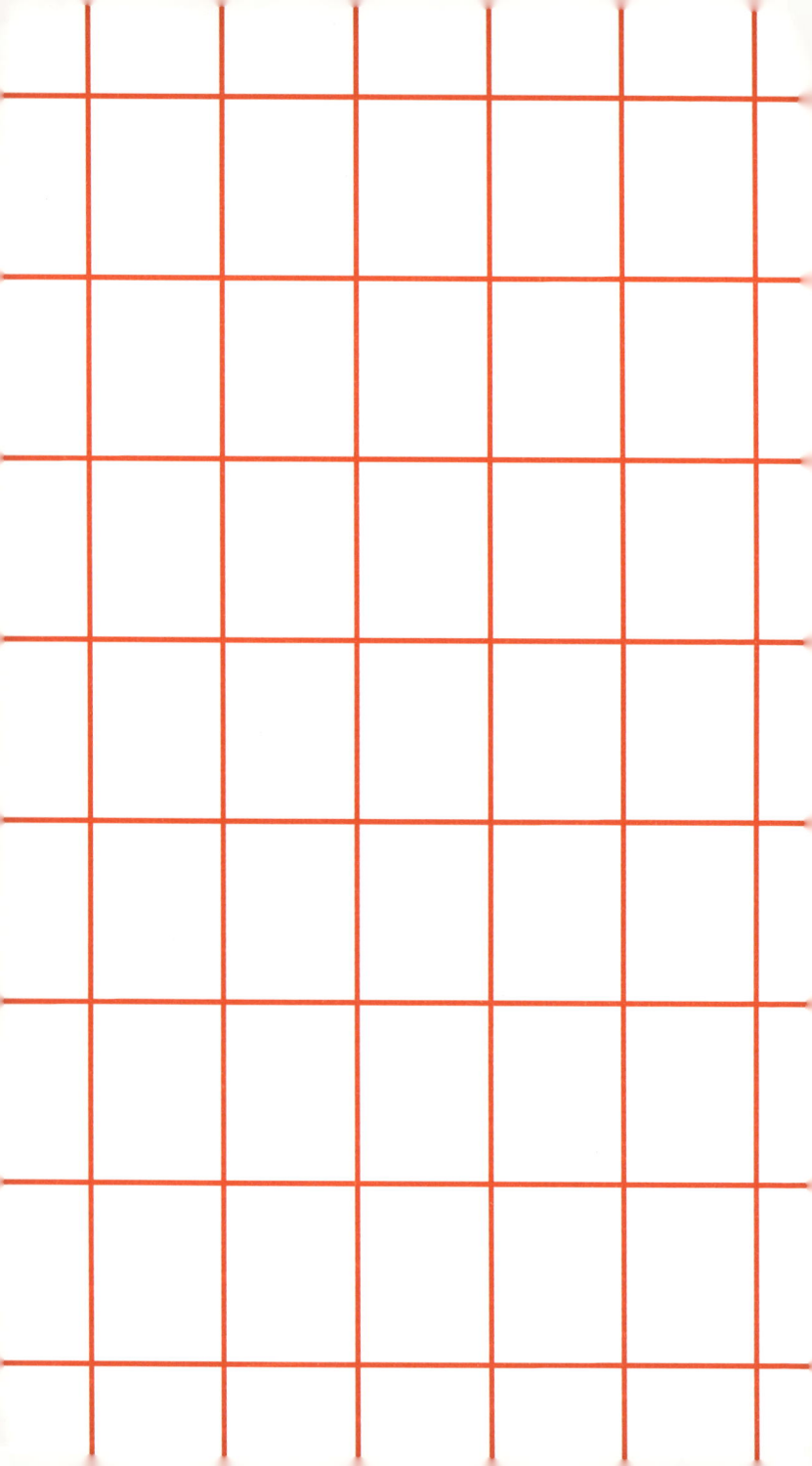

TAPAS & WINE PAIRING

인디제나 블랑코
Indigena Blanco

내추럴 화이트 와인
스페인-바르셀로나
가르나차 블랑카 100%

TAPAS 1
마늘과 토마토를 바른 바게트
판 콘 토마테
Pan con Tomate

TAPAS 2
버섯 파테와 하몽 세라노
핀초 데 파테 데 참피뇨네스 이 하몽 세라노
Pincho de Pate de Champiñones y Jamón Serrano

TAPAS 3
스페인식 감자 샐러드
엔살라다 캄페라
Ensalada Campera

TAPAS 4
염장 대구 튀김
부뉴엘로스 데 바칼라오
Buñuelos de Bacalao

홀리스틱
Holistic

내추럴 레드 와인
헝가리-발라톤
카베르네 프랑 100%

TAPAS 5
하몽 이베리코 크로켓
크로케타스 데 하몽
Croquetas de Jamón

TAPAS 6
갈리시아식 문어와 감자
풀포 아 라 가예가
Pulpo a la Gallega

TAPAS 7
꿀에 절인 가지 튀김
베렌헤나스 프리타스 콘 미엘
Berenjenas Fritas con Miel

TAPAS 8
하몽 이베리코와 살모레호 토스트
토스타 데 하몽 이베리코 콘 살모레호
Tosta de Jamón Iberico con Salmorejo

TAPAS & WINE PAIRING

탄타카
Tantaka

내추럴 화이트 와인
스페인-바스크
온다라비 수리 100%

TAPAS 9
마늘과 아몬드 수프
아호 블랑코
Ajo Blanco

TAPAS 10
안초비 핀초
핀초 데 안초아스
Pincho de Anchoas

TAPAS 11
스페인식 해산물 마리네이드
살피콘 데 마리스코스
Salpicón de Mariscos

TAPAS 12
무화과, 올리브, 아몬드를 품은 돼지고기 오븐 구이
피에르나 데 세르도 콘
이고, 아세이투나스 이 알멘드라 알 오르노
Pierna de Cerdo con
Higo, Aceituna y Almendra al Horno

리퀴드 선다우너
Liquid Sundowner

오렌지 와인
헝가리-발라톤
트라미니, 리즐링, 샤도네이

TAPAS 13
풋고추와 산 시몬 다 코스타 치즈 구이
피미엔토스 레예노스 콘 퀘소 산 시몬 다 코스타
Pimientos Rellonos con Queso San Simon Da Costa

TAPAS 14
생선 튀김 마리네이드
에스카베체
Escabeche

TAPAS 15
파스타 파에야
피데우아
Fideua

TAPAS & WINE PAIRING

비네 썸 비앙코 수이 리에비티
Vines Sum Bianco Sui Lieviti

내추럴 화이트 펫낫
이탈리아-볼로냐
피놀레토 100%

TAPAS 16
감바스 아히요
감바스 알 아히요
Gambas al Ajillo

TAPAS 17
양송이 아히요
참피뇨네스 알 아히요
Champiñónes al Ajillo

TAPAS 18
전복 아히요
아불론 알 아히요
Abulón al Ajillo

그로슬로
Groslot

내추럴 레드 와인
프랑스-루아르
그로슬로 100%

TAPAS 19
로메스코 소스를 곁들인 대파 구이
칼솟타다 콘 살사 로메스코
Calçotada con Salsa Romesco

TAPAS 20
바칼라오, 토마토, 파프리카 샐러드
엔살라다 데 바칼라오, 토마테 이 피미엔토
Ensalada de Bacalao, Tomate y Pimiento

TAPAS 21
양고기 레몬 구이
코르데로 알 리몬
Cordero al Limón

TAPAS 22
스페인식 크렘 브륄레
크레마 카탈라나
Crema Catalana

TAPAS & WINE PAIRING

블랑카 쿠지네 2012
Blanca Cusiné

내추럴 카바 와인
스페인-바르셀로나
자렐로, 샤도네이, 피노누아

TAPAS 23
차가운 토마토 수프
가스파초
Gazpacho

TAPAS 24
카탈루냐 지방식 여름 채소 샐러드
에스칼리바다
Escalivada

TAPAS 25
오징어 먹물 파에야
아로스 네그로
Arroz Negro

오렌지 드 누아
Orange de Noirs

오렌지 와인
스페인-카탈루냐
수몰 네그레 70%
자렐로 30%

TAPAS 26
생멸치 초절임
보케로네스 엔 비나그레
Boquerones en Vinagre

TAPAS 27
갈리시아 지방의 가리비 구이
비에이라 아 라 가예가
Vieiras a la Gallega

TAPAS 28
살사 베르데 소스로 조린
대구와 바지락
바칼라오 엔 살사 베르데
Bacalao en Salsa Verde

TAPAS & WINE PAIRING

<u>스푸트니크 1호</u>
<u>Sputnik 1</u>

<u>내추럴 레드 와인</u>
<u>이탈리아-라치오</u>
<u>마글리오코 100%</u>

TAPAS 29
만체고 치즈와 토마토 샐러드
엔살라다 데 토마테스 이 퀘소 만체고
Ensalada de Tomates y Queso Manchego

TAPAS 30
토마토소스로 조린 스페인 미트볼
알본디가스 엔 살사
Albondigas en Salsa

TAPAS 31
갈리시아 지방식 조개 국밥
아로스 칼도소
Arroz Caldoso

<u>앙블랑코</u>
<u>Enblanco</u>

<u>오렌지 와인</u>
<u>스페인-만추엘라</u>
<u>가르나차 블랑카 100%</u>

TAPAS 32
바스크 지방의 고추 핀초
힐다
Gilda

TAPAS 33
스페인식 오징어 구이
칼라마레스 아 라 플란차
Calamares a la Plancha

TAPAS 34
스페인풍 에그 인 헬
우에보스 아 라 플라멩카
Huevos a la Flamenca

TAPAS & WINE PAIRING

베가마르 베르데호
Vegamar Verdejo

화이트 와인
스페인-발렌시아
베르데호 100%

TAPAS 35
바스크 지방식 버섯볶음
플란차 데 세타스
Plancha de Setas

TAPAS 36
스페인 오믈렛 샌드위치
보카디요 데 토르티야 데 파타타스
Bocadillo de Tortilla de Patatas

TAPAS 37
안달루시아식 기장 멸치 튀김
페스카이토 프리토 아 라 안달루사
Pescaíto frito a la Andaluza

밀 블랑코
Mil Blanco

내추럴 화이트 와인
스페인-만추엘라
무스카 25%
비오니에 25%
샤르도네 25%
가르나차 블랑카 25%

TAPAS 38
식초에 절인 채소와 멸치 바게트
핀초 데 에스칼리바다 이 보케로네스
Pincho de Excalivada y Boquerones

TAPAS 39
바게트 올리브 오일 튀김
미가스
Migas

TAPAS 40
카탈루냐 지방식 건자두 닭 요리
포요 아 라 카수엘라
Pollo a la Cazuela

TAPAS & WINE PAIRING

인디제노 MP3
Indigeno MP3

내추럴 로제 와인
이탈리아-아브루초
몬테풀치아노 100%

TAPAS 41
매콤한 감자튀김
파타타스 브라바스
Patatas Bravas

TAPAS 42
안달루시아풍 돼지 앞다리 살 롤 튀김
플라멩키네스 코르도베세스
Flamenquines Cordobéses

TAPAS 43
레드 상그리아 & 화이트 상그리아
상그리아 틴토 이 상그리아 블랑코
Sangría Tinto y Sangría Blanco

도멘 장-클로드 르뇨도
Domaine Jean-Claude Regnaudot

레드 와인
프랑스-부르고뉴
피노누아 100%

TAPAS 44
애호박 수프
크리마 데 칼라바신 콘 퀘소 크레마
Crema de Calabacín con Queso Crema

TAPAS 45
아스파라거스와 하몽 스크램블드에그
우에보 레브엘토
Huevo Revuelto

TAPAS 46
소고기 안심 스테이크와 버섯
프리칸도 콘 세타스
Fricandó con Setas

TAPAS & WINE PAIRING

죠셉 떼뤼에
Joseph Desruets

샴페인
프랑스-샴페인
피노누아 90%
피노뮈니에 10%

TAPAS 47
오렌지와 블랙 올리브 샐러드
엔살라다 데 나랑하 콘 아세이투나스
Ensalada de Naranja con Aceitunas

TAPAS 48
한 입 크기 시금치 파이
엠파나디야스
Empanadillas

TAPAS 49
렌틸콩 초리조 스튜
귀소 데 렌테하스 콘 초리조
Guiso de Lentejas con Chorizo

TAPAS 50
추로스와 따뜻한 초코라테
추로스 콘 초코라테
Churros con Chocolate

Sangría Tinto y
 Sangría Blanco
Crema de Calabacín
 con Queso Crema
Huevo Revuelto
Fricandó con Setas
Ensalada de Naranja
 con Aceitunas
Empanadillas
Guiso de Lentejas
 con Chorizo
Churros con
 Chocolate

시도 때도 없이 내 머릿속은 음식 생각으로 가득 차 있다. 요즘처럼 봄기운이 느껴지면 제철 재료인 조개 생각이 나고, 동네를 걸어 다니면서 나무들의 싹이 보이기 시작하면 여러 가지 산나물을 요리해서 먹고 싶다는 생각만으로도 나의 일상은 바삐 지나간다.

날마다 제철 식재료들을 만지며 어떻게 조리하면 맛있을까 궁리하고, 식재료 각각의 색깔과 향이 중첩되면서 그릇에 담겨지는 순간은 나에게 반짝이는 빛과 같다. 그리고 그 음식을 먹으면서 느껴지는 행복. 아주 단순한 행위이지만 이 흐름을 책이라고 하는 공간에 담아 이 책을 열어 보는 사람들의 손에서 다시 그 빛과 맛이 탄생되었으면 한다. 그래서 나는 요리책을 열심히 만드는 것 같다.

어찌 보면 음식을 만드는 것은 끝이 없는 작업이라고도 할 수 있다. 음식은 먹으면 눈앞에서 사라져 버리지만 사람의 기억 속에는 영원히 남겨진다. 물론 우리가 평생 먹어온 음식 대부분은 거의 잊히겠지만 그중에서도 명확하게 그림으로 그려지거나 어렴풋이 떠오르는 행복한 기억과 함께 각자의 마음과 혀끝에 남아 있는 음식은 있을 것이다. 나에게는 스페인 타파스 요리가 그런 음식인 것 같다. 아주 오래전에 먹었던 음식이지만 내 마음과 혀에는 아직도 그 맛이 생생하게 느껴질 정도로 남아 있으니까. 그리고 이 책을 본 독자의 마음을 움직이고 그럼으로써 그의 기억에 새겨질 수 있는 타파스를 만들게 되면 정말 기쁠 것 같다.

앞으로도 나는 시공을 초월하는 요리책을 만들어가고 싶다. 마지막으로 이 책을 만들기 위해서 도와준 모든 이에게 감사드린다.

에필로그

나카가와 히데코

서울 연희동의 요리 교실 '구르메 레브쿠헨(Gourmet Lebkuchen)'의 요리 선생님. 일본 태생의 귀화 한국인으로 한국 이름은 '중천수자'이다. 프랑스 요리 셰프인 아버지와 플로리스트 어머니 덕분에 어려서부터 접한 다양한 라이프스타일 경험이 남다르다. 젊은 시절에 대학에서 언어학과 국제 관계론을 공부하고 독일, 스페인, 한국에서 기자와 번역가 등으로 활동하다 모든 경험을 수렴하여 요리 교실 구르메 레브쿠헨에서 요리 영역을 확장하고 있다. 수강 신청 대기자가 엄청 많기로도 유명한, 하지만 문턱이 높은 요리 교실의 이미지와 달리 쉽고 편안한 레시피, 재미있고 해박한 요리 문화 이야기, 넉넉한 식사 차림 등으로 히데코 선생님과의 인연은 평균 수강 기간이 5년에 이를 정도로 깊고 따뜻하다. 제철 재료를 사용한 일본 요리와 지중해 요리를 주로 선보이며, 최근엔 꽃과 요리, 와인과 요리 등 다양한 분야와 펼치는 협업도 흥미롭다. 쓴 책으로는 『셰프의 딸』『맛보다 이야기』『지중해 샐러드』『히데코의 사계절 술안주』『모두의 카레』『히데코의 연희동 요리교실』 등이 있다. 이번 책『타파스』에서는 그녀가 제2의 소울 푸드로 손꼽는 스페인 요리 중에서도 카탈루냐풍의 타파스 레시피만을 엄선하여 소개한다.

TAPAS

1판 1쇄 발행	2022년 6월 22일
1판 3쇄 발행	2023년 6월 30일

지은이	나카가와 히데코
발행인	강정원

기획 편집	강정원
촬영 진행	강정원 김소은
일어 번역	박정임
교정 교열	신정진
스페인어 메뉴 감수	황선애
표지 문구	무논솔 moononsalt

사진	이종근
디자인	진달래&박우혁
일러스트레이션	키미앤일이
인쇄 제책	문성인쇄

요리	구르메 레브쿠헨 박인혜, 류주효
시즐 스타일링	윤호정

와인 도움말	연희와인
제품 협찬	(주) 이베르코
	라퐁 LAFONT

펴낸곳	포스트페이퍼
출판등록	2011년 5월 12일 제99호
주소	경기도 성남시 분당구 수내로 148 112-2601
메일	99postpaper@gmail.com
인스타그램	@99postpaper

Copyright © NAKAGAWA HIDEKO, 2022
Copyright © POSTPAPER, 2022

이 책은 저작권법으로 보호받는 저작물이므로 무단 전재와 복제를 금지하며, 이 책의 내용 전부 또는 일부를 이용하려면 반드시 저작권자와 포스트페이퍼의 서면 동의를 받아야 합니다.

ISBN	978-89-98116-04-0-13590
값	25,000원

postpaper
포스트페이퍼는 누군가의 물건, 취향,
요리, 여행 그리고 나이가 들어가며
축적되는 아름다운 삶의 경험에
집중합니다. 유행에 휩쓸리지 않는
자신만의 삶의 방식과 취향을 존중합니다.

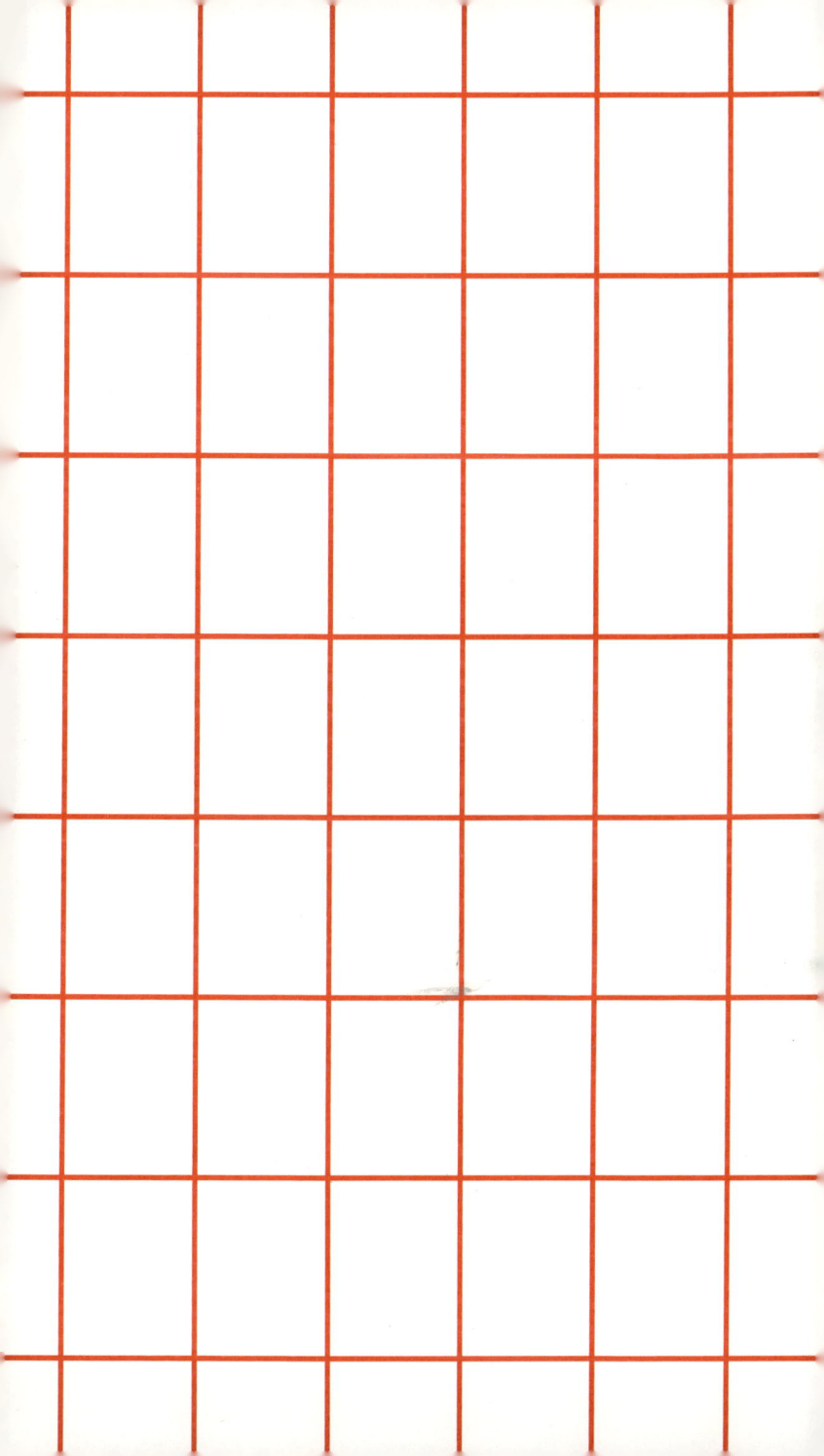